English to Soothe the Mind

心をなごませる感じのよい英会話

原島一男
Kazuo Harashima

音声のダウンロード方法

　付属のCDと同じ音声を、ホームページよりパソコンでダウンロードできます(スマートフォン、タブレットではダウンロードできません)。

1　「ベレ出版」ホームページ内、『心をなごませる感じのよい英会話』の詳細ページにある「音声ダウンロード」ボタンをクリック。
　　(URLはhttp://www.beret.co.jp/books/detail/576)
2　8ケタのコードを入力してダウンロード。
　　ダウンロードコード　PEtBiKSG

はじめに

　日本を訪れる外国からのお客は年々増え続けています。同時に、私たちは世界の各地へ出かけて行って、いろいろな国の人たちと交流し、様々な文化と出会うことが、ますます盛んになっています。そこでコミュニケーションの道具として使われるのは、間違いなく英語です。

　日本を訪れるお客が誰であろうと、政治家でも、音楽家でも、タレントでも、料理の達人でも、彼らが「コンニチハ」とか「サヨウナラ」とひと言っただけで、私たちは親しみを覚えます。反対に、私たちが外国へ行ったとき、英語で何かを言ったとしたら、彼らは同じように親しみを感じるでしょう。

　この本では、外国の人たちと豊かなコミュニケーションの一歩となるような英語フレーズを集めました。

　'心をなごませる英語'とは、相手がそのフレーズを聞くと、たとえ、あなたの英語が日本式発音／アクセントだったとしても、'心がなごむ'という意味です。つまり、相手があなたに対して、感じがいいなと好感情を持つようなフレーズを意識しました。

　私たちは、日本語では無意識のうちにそういう言葉や表現を選んで話していますが、英語にもそういう表現があることを学びましょう。そういう言葉は、標準的で上品なフレーズですから、世界中で使えて、あなたの英語のレベルアップにつながります。

　ここに集めたフレーズは、相手にあなたの気持ちを素直に伝えて、より豊かな友情がはぐくまれるよう考慮しました。

　第1章「相手を気づかう'思いやり'フレーズ60」は、日常よく交わされる、相手を気づかう標準的なものばかり、そっくりそのまま覚えてください。

　第2章「相手を喜ばせる'感じのよい'フレーズ40」は、相手を褒めるばかりでなく、勇気づけたり、励ましたりして、人生の楽しさを暗示します。

　どれもこれも2語か、多くても7語程度の単語だけなので、覚えやす

いです。覚えてからでも、それを楽に探せるようにアルファベット順に並べました。また、日本人が発音しやすい単語ばかりを選びました。

　第3章では、そのフレーズを使って会話を交わすであろう場面を選んで、ショート会話の実例を示しました。第4章では、'言葉の宝庫'である映画の中から'忘れがたい'セリフも紹介しています。

　これらのフレーズをできるだけ多く身につけて、外国の人たちとよりよい関係を築きあげてください。きっと、あなたの人生は、ますます豊かで、意味のあるものに変わっていきますし、そうなることを願っています。

　この本を作るにあたって、スコットランド人のレイチェル・ファーグソンさんとアメリカ人のマイケル・コーベェットさんに貴重な時間をさいてもらいました。二人は、「この本は上品な日本語を勉強するのに役立つ」と話していました。

　また、ベレ出版の方々、私のまわりの心温かい友人の一人ひとりに心から感謝します。

2015年　初夏
原島一男

CONTENTS

はじめに

第1章
相手を気づかう"思いやり"フレーズ ……………… 7

第2章
相手を喜ばせる"感じのよい"フレーズ ………… 69

第3章
"場面別"ショート会話 ……………………………… 111

第4章
映画で見つけた"いいセリフ" ……………………… 161

第1章 相手を気づかう思いやりフレーズ

1. どうぞ、お先に。
2. 早起きですね。
3. 準備はいいですか。
4. ご気分はよろしいですか。
5. 考えてみたら。
6. お願いできますか。
7. よく眠れましたか。
8. かまいません。
9. お忘れ物のないように。
10. こんなに散らかっていて。
11. 朝一番で。
12. どうぞ！
13. 十分です。
14. おけがは？
15. 寿司はいかが？
16. 何ておもしろそう！
17. こんな時間になって。
18. しかたがありません。
19. お役に立てれば。
20. 借りがあります。
21. そうでしょうね。
22. そうしていただければ。
23. どうかなと思って。
24. できればいいのですが。
25. そうしていただければ幸いです。
26. 後ほど、お電話します。
27. ご返事します。
28. 私が出ます。
29. 残念ながら…。
30. よく聞きますよ。
31. ごめんなさい。
32. ご愁傷さまです。
33. おさしつかえなければ…。
34. 場合によりけりです。
35. おひさしぶりです。
36. あなたに(お電話です)。
37. そんなに悪くありません。
38. 私のおごりで。
39. 少しだけ。
40. 念のために。
41. 今日はこれで終わりにしましょう。
42. 賛成です。
43. 連絡し合いましょう。
44. お間違えのないよう。
45. そうしましょうか。
46. 私こそ(失礼)。
47. 大したことはありません。
48. 何でもありません。
49. お願い！
50. ごゆっくり。
51. おつかれさま。
52. もったいない。
53. つまらないものですが。
54. 今、何をしていますか。
55. どうして、ここに？
56. どう思いますか。
57. もう一ついかがですか。
58. さびしくなります。
59. 後悔しますよ。
60. 運動が必要です。

相手を気づかう"思いやり"フレーズ 1

TRACK 1

After you.
どうぞ、お先に。

　エレベーターや玄関の入り口などで、「どうぞ、お先に」と相手に道をゆずるひと言は、"After you." なお、順番を決めるとき、「年長者から／年齢順で」と言いますが、これにあたるのが"Age before beauty."。コミカルでやや冗談めいていますが、親しい間柄なら使えます。

▶**エレベーターで**
「どうぞ、お先に」　　　　　　　**After you.**
「どうぞ、あなたこそ、お先に」　Thank you. You first.
「どうも」　　　　　　　　　　　Thank you.

▶**タクシーに乗り込むとき**
「タクシーが来ました。　　　　　Here comes the taxi.
　どうぞ、お先に」　　　　　　　**After you.**
「どうもご親切に」　　　　　　　Thank you. You are very kind.
「どういたしまして」　　　　　　Not at all.

▶**電車かバスで席が一つだけ空いているとき**
「どうぞ、おかけください」　　　Please, take the seat.
「いやいや、お年寄りからどうぞ」No, no. **Age before beauty.**
「どうもありがとう」　　　　　　Well, thank you.

相手を気づかう"思いやり"フレーズ 2

An early bird, aren't you?

早起きですね。

「朝早く起きるとよいことがある」のは世界の常識。ここで、**"An early bird."** と相手を気づかう言葉を伝えるだけで、きっと会話が弾みます。

なお、「早起きは三文の徳」は、**"The early bird gets the worm."**。

「早起きですね」	**An early bird, aren't you?**
「夜は9時に寝て、朝5時には起きます。	I go to bed at nine, and get up at five.
それだけです」	That's all.
「起こしましたか」	Did I wake you up?
「いいえ」	Not at all.
「あなたは早起きなんだ」	You're **an early bird, aren't you?**
「明日の朝6時に会えますか」	Can I see you at six a.m.tomorrow?
「6時？ けっこうです」	Six? That's quite all right.
「あなたは早起きだから」	You're **an early bird.** Right?

心をなごませる感じのよい英会話　**9**

Are you all set?
準備はいいですか。

　何かをしようとしているときに、「準備はできましたか」／「必要なものは揃いましたか」と「もうすることは何もありませんね？」と念を押すときの表現です。
"Are you set?" と言うこともあります。

「和子さん、さあ、急いで！
　準備はいい？」
「はい、今、行くところよ」

Now, Kazuko, hurry up!
Are you all set?
Yes, I'm coming.

「用意はできましたか」
「まだだけど」
「電車に乗り遅れるかも
　しれないよ」

Are you set?
Not yet.
We may be late for the train.

「用意はいいですか。
　必要なものは揃いましたか」

Are you all set?
Do you have what you need?

「食事は終わりましたか。
　用意はいいですか」
「はい、支払いの用意は
　できています」

Have you finished eating?
Are you set?
Yes, we're ready for the check.

相手を気づかう"思いやり"フレーズ 4

Are you feeling all right?

ご気分はよろしいですか。

"Are you feeling all right?"は、相手の様子を見てとって、何かの理由で気分が悪いのではないかという'思いやり'を込めた質問です。

「ご気分はよろしいですか。
　熱がありますか」
「大丈夫です。睡眠不足なのです」

Are you feeling all right?
Do you have a fever?
I'm all right. I just need some sleep.

「ご気分はよろしいですか」
「おなかをこわしました。
　食べ物のにおいも味も感じません」

Are you feeling all right?
I've got an upset stomach.
Can't smell or taste a thing.

「ご気分はいかがですか。
　元気がないみたい。
　具合でも悪いのでしょう」

Are you feeling all right?
You seem so listless.
Maybe something's wrong with you.

相手を気づかう"思いやり"フレーズ 5 ● TRACK 3

Come to think of it.

考えてみたら。

 話の途中で、何かに思いあたったとき、「考えてみたら」/「ああ、そうだった」/「そういわれてみると」と言いますが、それが、**"Come to think of it."** です。

「彼女のファーストネーム知ってる？」	Do you know her first name?
「ええと、佳代とか」	Well, it's Kayo or something.
「考えてみたら、あなたは彼女に会ったことないから」	**Come to think of it**, you never met her before.
「お会いしましたっけ？」	Did I meet you before?
「考えてみたら、思い出しました。パリで5年前にお会いしました」	**Come to think of it**. As I recall, I met you in Paris five years ago.
「考えてみると、今年はうるう年です。今日は2月29日です」	**Come to think of it**, this is a leap year. Today is the 29th of February.
「あなたはいくつ？」	How old are you?
「そうだった。今日はぼくの誕生日です。29歳になりました」	**Come to think of it**, today is my birthday. My age now is 29.

12

相手を気づかう"思いやり"フレーズ ⑥

Could I? / May I? / Can I?

お願いできますか。

"Could I 〜?"(〜させていただけますか)/"May I 〜?"(〜してもよろしいですか)/"Can I 〜?"(〜してもいいですか)と相手に許可を求めるときのフレーズ。

自分はこういうことをしたいのだけど、あなたはそれを許してくれるだろうかという気持ちを表します。この3つの中で、最も丁寧なのが、"Could I 〜?"、次が"May I 〜?"、そして"Can I 〜?"の順になります。この"Could I 〜?"などだけでも、身振りや手振りを添えて、あなたの意思を表せますが、具体的な意思を伝えるには動詞の原形を続けます。

「入らせていただけますか」	**Could I** come in?
「どうぞ、ご遠慮なく」	Sure. Go ahead.
「いらっしゃいませ」	**Can I** help you?
「ここで人を待っています」	I'm waiting for someone here.
「個人的な質問をしてもいいですか」	**May I** ask you a personal question?
「それを待っていました」	I've been hoping you would.
「どちらさまでしょうか」	**May I** ask who's calling?
「東京大学のフレッド・ハーパーです」	I'm Fred Harper, Tokyo University.

心をなごませる感じのよい英会話　13

相手を気づかう"思いやり"フレーズ 7

Did you sleep well?
よく眠れましたか。

 朝のあいさつの一つ。お互いに元気な様子を確認し合いましょう。
「よく眠れた」は **"a goodnight's sleep"**、「少しも眠れない」は **"I can't sleep a wink."**。

「よく眠れましたか」	**Did you sleep well?**
「はい、よく眠れました」	Yes, I did. I got a good night's sleep.
「よかったですね」	Good for you.
「よく眠れましたか」	**Did you sleep well?**
「とても疲れていて少しも眠れませんでした」	I was so tired that I wasn't able to sleep a wink.
「かわいそう!」	What a pity!
「疲れていると、ものがわからない。よく眠った後は、いつも、ものがよく見える」	I can't think straight when I'm tired. After **a good night's sleep,** I always see things better.

相手を気づかう"思いやり"フレーズ 8

Doesn't matter.

かまいません。

「かまわない」/「気にしないで」は、ちょっと訳しにくいのですが、あえて言ってみれば、**"It doesn't matter."**(重要ではない/問題ではない)といったところでしょうか。

it を省略することもあります。また、**"It's no matter."** とも言えます。「気になりますか」(質問形)は**"Does it matter?"**になります。

「ごめんなさい、怒らせるつもりはなかったの」	Sorry, I didn't mean to hurt your feelings.
「かまいません。本当に気になりませんから」	It's okay. It really **doesn't matter** to me.
「私の起こした損害は弁償します」	I'll compensate you for the damage I did.
「大したことじゃない。私がどうにかします」	**It's no matter.** I'll see to it myself later.
「行けなくてすみません、ヨシエさん。ボストンからの電話を待っていたもので」	I'm sorry I missed you, Yoshie, but I had to wait for a phone call from Boston.
「かまわないわ」	**Doesn't matter.**

心をなごませる感じのよい英会話　15

相手を気づから"思いやり"フレーズ ● TRACK 5

Don't forget your things.

お忘れ物のないように。

　「忘れ物をしないように」は「持ち物を忘れないで」という表現を使って、**"Don't forget your things."**です。「ええ, 忘れません」の返事は**"No I won't."**となります。

「午後、買い物に行かなければ」	I have to go shopping this afternoon.
「パンを忘れないで」	**Don't forget the bread.**
「忘れません」	No, I won't.
「あ、何か忘れ物でも？」	**Oh, forget something?**
「本を忘れました」	I forgot my book.
「ああ、そうでした。どうぞ」	Oh, right. Here you go.
「どうも、ありがとう」	Thanks very much.
「彼女は誰？」	Who is she?
「名前を忘れた」	**I forgot her name.**

相手を気づかう"思いやり"フレーズ 10

Excuse all the mess.
こんなに散らかっていて。

相手を気づかって、言い訳をする言葉の中で一般的によく使われるのは、自宅や事務所などへ突然、誰かが訪ねてきた場合の"Excuse all the mess."/"Sorry about the mess."ではないでしょうか。

・mess ＝ 乱雑／散らかっている状態

「こんなに散らかっていて」	**Excuse all the mess.**
「かまいませんよ。話ができればいいんです」	It's okay. We can have a talk.
「どうぞ、散らかっていてすみません」	Please come in. **Oh, sorry about the mess.**
「とても、いいところです」	It's a nice place.
「こんなに散らかっていて、すみません」	Please **excuse all the mess**.
「片付けましょうよ。ほら、大きな袋があるから」	Let's clean up the mess. Here's a large bag.

心をなごませる感じのよい英会話　17

First thing in the morning.

朝一番で。

 何でも最初が肝心です。大切なことは朝一番でやってしまいましょう。「朝一番」は "First thing in the morning."。

「いつか会いましょうよ？」	Let's get together sometime?
「もちろん、明日の朝イチで」	Sure, tomorrow. **First thing in the morning**.
「約束の手紙はどうしましたか」	What about the letter you promised?
「忘れていました。朝一番で送ります」	I almost forgot. I'll send it **first thing in the morning**.
「髪が伸びているから、切りなさい」	Your hair's too long. You should get a haircut.
「オーケー、ママ。朝一番でするよ」	Okay, mama. **First thing in the morning**.
「明日の朝、最初にすることは何ですか」	What's the first thing you will do tomorrow?
「歯を磨くことです」	I'll brush my teeth.
「着いたばかりですが、午後一番で伺います」	I've just arrived here, but I'll see you **first thing this afternoon**.

相手を気づかう"思いやり"フレーズ 12

Go ahead!
どうぞ！

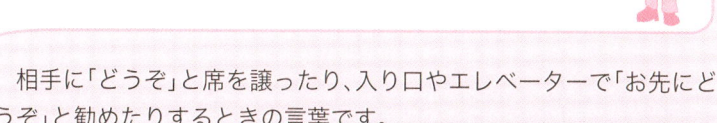

相手に「どうぞ」と席を譲ったり、入り口やエレベーターで「お先にどうぞ」と勧めたりするときの言葉です。

相手から"Would you mind?"（〜してもかまいませんか）/"May I?"（〜してもよろしいですか）と聞かれたときの答えとしても使えます。

相手から **"Go (right) ahead."** と言われたときには、"Thank you." と声をかけましょう。

「この席が空いています。どうぞ」	The seat isn't taken. **Go ahead.**
「どうも、ありがとう」	Thank you.
「先に行ってもいい？」	Mind if I go first?
「いいよ。どうぞ」	No, **go ahead**.
「このPCをつけてもいいですか」	May I turn on this PC?
「もちろん、どうぞ」	Sure. **Go right ahead**.

心をなごませる感じのよい英会話

相手を気づかう"思いやり"フレーズ ● TRACK 7

Good enough.

十分です。

「十分です」／「満足です」／「ちょうど、よろしい」にあたるのが、**"Good enough."**。

相手の思いが自分の気持ちに合っている場合に使います。

また、**"Not good enough."**は、「それほどでもない」／「そんなによくない」という気持ちを表します。

「明日は何時にする？どう思う？」	What time, do you think tomorrow?
「10時では？」	How about ten?
「ちょうど、いいね」	**Good enough**.
「あなたはピアノがうまいけど、どうして、人前で弾かないの？」	You play the piano so well, but why don't you play in public?
「そんなにうまくないから」	I'm just not **good enough**.
「ベストをつくしているんです。でも、それで十分でしょうか。注目してもらえるのかな」	I'm doing the best that I can. But is that **good enough**? Is anyone paying attention？

相手を気づかう"思いやり"フレーズ 14

Have you hurt yourself?
おけがは？

誰かがけがをしたようなとき、"**Have you hurt yourself?**"と声をかけましょう。

「おけがはありませんか」	**Have you hurt yourself?**
「転んで、腕に軽いけがをしました。	I fell down and hurt my arm a little.
腕が痛いのです」	My arm hurts.
「どうしましたか。	What's the matter?
脚のどこかがお悪いのですか。	What's wrong with your leg？
おけがは？」	**Have you hurt yourself?**
「どうも。大丈夫です」	Thank you. I'm quite all right.
「おけがは？	**Have you hurt yourself?**
ご自分で歩けますか。	Can you walk by yourself?
救急車を呼びましょうか」	Should I call an ambulance?

心をなごませる感じのよい英会話 21

相手を気づかう"思いやり"フレーズ 15　　TRACK 8

How about sushi?
寿司はいかが？

　「〜でもいかが？」／「では、〜はどうですか」("How about ＋ 名詞（動名詞）と、相手が考えあぐねているときに、助け舟として、何かを提案する表現です。

　どこかで食事でもしよう、という話の中で、「寿司でもどう？」**"How about Sushi?"**、「ヤキトリでもいかがですか」**"How about Yakitori?"**というふうに使います。

「夕食は何にしようか」	What should we eat for dinner?
「寿司でもどう？」	**How about sushi?**
「7歳の娘がいます。あなたは？」	We have a seven-year old daughter. **How about you?**
「妻と二人の息子です」	I've got a wife and two boys.
「どちらのご出身ですか」	Where are you from?
「日本の東京です。あなたは？」	I'm from Tokyo, Japan. **How about you?**
「風邪はどうなりましたか」	**How about your cold?**
「よくなっています」	It's better now.
「それはよかった。心配していました」	Oh, that's good. I was worried about you.

相手を気づかう "思いやり" フレーズ 16

How interesting!
何ておもしろそう！

　"How interesting!" は、さらりと相手の言葉に反応／同意する言葉。同じ形「How+形容詞」を使って、相手への気づかいを示します。
例えば、

「迷惑そう！」	How annoying!
「珍しそう！」	How unusual!
「楽しそう！」	How wonderful! など。

「2020年に東京で　　　　　　　The Tokyo Olympics will be
　オリンピックが開かれます」　　opening in 2020.
「わくわくします！」　　　　　　**How exciting!**

「今日はとても暑いですね」　　It's very hot today.
「いやですね！」　　　　　　　**How awful!**

「英語がとてもお上手ですね」　You speak English very well.
「そう言っていただくとは、　　**How nice of you to say so.**
　何とうれしいことでしょう」

「カサブランカへ　　　　　　　I have been to Casablanca.
　行ったことがあります」
「本当？ おもしろそうですね！」　Really? **How interesting!**

相手を気づかう "思いやり" フレーズ 17　　　● TRACK 9

How time flies.

こんな時間になって。

　時間を忘れて話し込んでいたり、ゲームやスポーツなどに夢中になっていて、ふと気がついてみると、想像したよりはるかに遅い時間になっていた。そんなときには、**"How time flies."** と相手に言います。
　なお、「光陰矢のごとし」（ことわざ）は "Time flies."。

「時計を見て！ 　こんな時間になって」	Look at the time! **How time flies.**
「9時だ。そんなに遅くない」	It's nine. Not so late.
「ああ、こんな時間になって」	Oh, **how time flies.**
「まだ、よろしいでしょう？」	But you don't have to go, do you?
「いいえ、もう行かなければ」	Yes, I do.
「こんな時間！ ご一緒して、 すばらしいひとときでした」	**How time flies!** I had a wonderful time with you.

相手を気づかう "思いやり" フレーズ 18

I can't help it.

しかたがありません。

毎日の生活の中で、いろいろな事情から、思うようにいかないこと、あるいはどうしてもできないことなどが突発したときの言葉。"I can't help it." は、直訳すれば、「私には助けられない」。

ほかには、「ほかに方法がありません」→ **"There's nothing I can do."** / **"It can't be helped."**。主語の I や it を省略することもあります。

「見てごらん。外は雨が降っている。傘がない」	Look, it's raining outside. There's no umbrella.
「どうにもしようがありません」	**It can't be helped.**
「今のところ、何もできません」	**There's nothing I can do**, so far.
「しかたがありません」	**I can't help it.**
「愛さずにいられません」	**Can't help loving you.**
「私も」	I **can't help loving you**, too.

心をなごませる感じのよい英会話　25

相手を気づかう"思いやり"フレーズ 19　● TRACK 10

I hope this helps.

お役に立てれば。

　人のために何かをしてあげることは人生の喜びの一つ。人を助けるために何かの忠告をしたり、便宜をはかったりすることは、日常生活を豊かにします。

"**I hope this helps.**"は、そんなときの'心づかい'の言葉です。ほかには、"**I hope that helps.**"/"**I hope it helps.**"/"**I hoped that would help.**"なども使えます。

「ここの部分をちょっと 　調整するだけです。 　これで、お役に立てれば」	You just adjust this part here. **I hope this helps.**
「すばらしい。どうもありがとう」	Great. Thank you very much.
「さあ、様子を見ることだ。 　これ以上、動くな。わかった？」	Now, you just wait and see. No more moves. Okay?
「わかった。どうも」	Okay. Thanks.
「お役に立てれば」	**I hope it helps.**
「どうもありがとう。 　すべて、うまくいったわ」	Thank you very much. Everything went well.
「役に立ってよかった」	**I just hoped that would help.**

相手を気づかう"思いやり"フレーズ 20

I owe you one.
借りがあります。

相手から何か助けてもらったり、親切な行為を受けたりしたとき、「あなたには借りがある」と言いますが、この "I owe you one." はまさにピッタリ。相手に優越感を与えるというメリットもありますよね。

「払っておくわ」	Let me pay for it.
「どうも。恩に着るよ」	Thank you. **I owe you one**.
「高価なランチへ招待してくれて。そのとき、約束したでしょう？いつか、お礼をするって。まだ、借りがあるわ。そうでしょ？」	You took me out for an expensive lunch. We made a deal, didn't we? I'll repay you someday. **I still owe you**, right?
「そうだね」	Right.

相手を気づかう"思いやり"フレーズ 21

TRACK 11

I suppose so.
そうでしょうね。

「はっきりはわかりませんが、そうでしょうね」/「そうではありませんね」とあいまいな気持ちを言い表したいときには、**"I suppose."**/**"I don't suppose."** を使います。"I think so."より**"I suppose so."** のほうが「そうです」の確信度が低くなります。相手の言うことに渋々同意する（しない）ときにも使えます。

suppose という動詞には、何かの根拠で「〜と仮定する」という意味があり、自分の言っていることに確信がないか、疑いを持っているときに使われます。

「彼は来るでしょうか」 「来ないでしょうね」	Will he come? **I don't suppose so.**
「TTRをご存じですか」 「さあ、それは航空会社かしら」	Do you know what T.T.R. is? **I suppose**, it's an airline.
「これから、どうするつもりですか」 「昔の仕事に戻ろうかと思っています」	What are you going to do? Try and get my old job, **I suppose.**

I was hoping you could.
そうしていただければ。

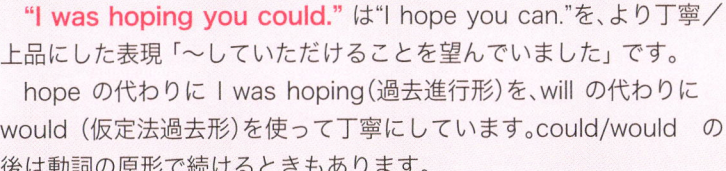

"**I was hoping you could.**" は "I hope you can." を、より丁寧／上品にした表現「〜していただけることを望んでいました」です。

hope の代わりに I was hoping（過去進行形）を、will の代わりに would（仮定法過去形）を使って丁寧にしています。could/would の後は動詞の原形で続けるときもあります。

「少し遅れて来られればいいと思っていました。彼はまだ来ていないのです」	**I was hoping you'd** be a little late. You see, he hasn't arrived yet.
「3時ということでしたね」「ですから、午前中ずっと電話していました」	You said three o'clock. I know. I've been calling all morning.
「そんなに働かないで、この混乱を忘れることだ。いいね」	Don't work so hard, and forget about this mess. All right?
「そう言ってくださると思っていました」	**I was hoping you'd** say so.

相手を気づかう"思いやり"フレーズ 23　　TRACK 12

I was wondering.
どうかなと思って。

　wonder は「不思議に思う」/「驚く」/「怪しむ」という意味ですから、"I wonder." は、「〜かしら」/「〜かな」にあたります。それで「何か不思議に思っていたとき」/「何かを尋ねようとしていたとき」は **"I was (just) wondering."** となります。**"Just wondering."** と言うこともあります。

「あなたは京都生まれですか」	Were you born in Kyoto?
「いいえ、大阪です」	No, I was born in Osaka.
「そうかなと思っていました」	**Just wondering.**
「この絵をお好きかどうかと思っていました」	**I was wondering** if you like this picture.
「ええ、大好きです」	Yes, I like it very much.
「飲み物をさしあげたいと思っていました」	**I was wondering** if I could buy you a drink.
「それはどうも、ご親切に」	That would be very nice of you.
「助けていただきたいのですが」	**I wonder** if you could help me.
「何ですか」	What is it?

30

相手を気づかう"思いやり"フレーズ 24

I wish I could.
できればいいのですが。

　"I wish I could."は、相手の希望・申し出・誘いなどに対し、「そうしたいのですが」と、可能性がほとんどないことを示唆する気持ちの表現です。"I hope I can." でもいいのですが、断わり方としては、ずっと感じがいいです。使い方としては、"**I wish I could** do it."（することができればいいのですが）のように後に動詞がつきますが、相手の提案を聞いているので、多くの場合、動詞は省略します。

「つき合いませんか、レイチェル？」　Rachel, could you join us?
「そうしたいのですけど」　　　　　**I wish I could.**

「お出でになりませんか」　　　　　Would you like to come over?
「残念ですけど、　　　　　　　　　**I wish I could.**
　ビジネス・レポートを　　　　　　I have to finish a business
　仕上げなくてはならないので」　　report.

「何かこれについてしたいの　　　　**I wish I could** do something
　ですが、私はできません。　　　　about this. But I can't.
　仕事の真っ最中なので」　　　　　I'm in the middle of this
　　　　　　　　　　　　　　　　　project.

心をなごませる感じのよい英会話　**31**

相手を気づかう "思いやり" フレーズ 25

TRACK 13

I would appreciate it if you would...
そうしていただければ幸いです。

「そうしていただければ幸い」は、"I would appreciate it."(幸いです) と"if you would (could)"(もし〜していただければ)を組み合わせて、**"I would appreciate it if you would ..."** となります。動詞の原型が後に続きます。

「いつもより早めにおいでくだされば幸いです」	**I would appreciate it if you'd** come earlier than usual.
「お考えをお聞かせ願えれば幸いです」	**I would appreciate it if you could** let me know your thoughts.
「その事情をご検討くださいますよう、お願いいたします」	**I would appreciate it if you would** consider the matter.
「そちらの予定を調整していただけば幸いです」	**I would appreciate it if you'd** adjust your schedule.
「金曜日までにお返事をいただければ幸いです」	**I'd appreciate it if you'd** give us your answer by Friday.

相手を気づかう "思いやり" フレーズ 26

I'll call back later.

後ほど、お電話します。

電話のスタンダード・フレーズ、「後ほどお電話します」は **"I'll call back later."** です。

「すみません。今、話せないのです。バスの中なので」	Sorry, I can't talk to you now. Because I'm on the bus.
「後ほど、お電話します」	**I'll call back later.**
「いいえ、それでは、私がお電話します」	No, no. Let me call you, then.

「池田さんをお願いします」	Is Ikeda san there?
「今、こちらにいないのですが」	Sorry, he's not here right now.
「それでは、後ほど、お電話します」	**I'll call back later.**

「田中は会議中ですので、アシスタントとお話しになりますか」	Ms Tanaka is in a meeting now. Would you like to talk to her assistant?
「いいえ、けっこうです。後ほど、お電話します」	No, it's all right. **I'll call back later.**

相手を気づかう"思いやり"フレーズ 27

● TRACK 14

I'll get back to you.

ご返事します。

   相手があなたの反応を求めているとき、「お返事します」／「ご連絡します」と応える表現。会話のほかにも、手紙、電話でも使います。

「アン、ニューヨークから電話です」	Ann, the New York office for you.
「電話すると伝えてください」	Yes, just tell them **I'll get back to them**.
「あのプロジェクトの質問があるんだけど」	I have a question about that project.
「ご返事いたします」	Well, **I'll get back to you** on that.
「もっと前にお返事しなかったことをお詫びいたします」	Please accept my sincere apology **for not getting back to you** sooner.
「ちょうど今、電車の中で話せません。できるだけ早くご連絡します」	I'm on the train right now, so I can't talk to you. **I'll get back to you**, as soon as possible.

34

相手を気づかう "思いやり" フレーズ 28

I'll get it.
私が出ます。

「電話に出ます」／「私がドアを開けます」など、あなたが自ら進んで行動を起こすようなときは、**"I'll get it."** と声をかけます。

「電話です」	There goes the phone.
「どうぞ。ぼくへかかってくるはずがない」	Go ahead. It can't be for me.
「私が出ます」	**I'll get it.**
「入り口に人が来ました」	There's someone at the front door.
「私が出ます」	**I'll get it.**
「ロンドンについての本はありますか」	Do you have a book about London?
「私が持ってきます」	**I'll get it** for you.

心をなごませる感じのよい英会話　35

相手を気づかう"思いやり"フレーズ

I'm afraid ....

残念ながら…。

 相手に不都合なことを述べたり、相手のミスをさりげなく指摘するとき。また、相手に言いにくいことを言うときに、前か後ろにつける言葉です。

「お元気ですか」	How are you?
「あまりよくありません。 風邪をひいています」	Not very well, **I'm afraid.** I have a cold.
「もう行かなければなりません」	I have to go now.
「確かですか」	Are you sure?
「ええ残念ながら、そうなんです」	Yes, **I'm afraid** so.
「これは売り物ですか」	Is this for sale?
「残念ながら」	**Afraid not.**
「もしもし、太陽商事さんですか」	Hello, is this Taiyo Trading?
「残念ですが、番号違いです」	You have the wrong number, **I'm afraid.**

相手を気づかう"思いやり"フレーズ 30

I'm listening.

よく聞きますよ。

相手が大切なことを話し始めるとき、「よく、あなたの話を集中して聞きます」という気持ちの表現が、**"I'm listening."** / **"I'm all ears."** これで、相手に安堵の気持ちが芽生えます。

「さて、とても大切な話をしたい」	Now, I want to tell you something very important.
「集中して聞きます」	**I'm listening.**
「よく聞くんだよ。年齢にふさわしい行動をすることだ」	Listen carefully. You should act your age.
「はい、よく聞いています」	**I'm listening.**
「昨夜起こったことを話したい」	Now, I want to tell you what happened last night.
「よく聞きますから」	**I'm listening.**
「今日の予定を話します」	Let me tell you today's schedule.
「集中して聞きます」	**I'm all ears.**

相手を気づかう"思いやり"フレーズ 31

● TRACK 16

I'm sorry.

ごめんなさい。

"I'm sorry."は代表的な'おわび'の言葉です。

日常生活の中では、思わぬ失敗や予想できない行動をして、相手に迷惑をかけ、おわびしなければならない状況がたびたびあります。おわびの言葉は、単なる「ごめんなさい」から、相手に深く謝罪する気持ちを伝える「誠に失礼をお許しください」→ **"I beg your pardon."**/**"I'm very sorry."**/**"I apologize."**/**"my apologies."**まで、いろいろな種類がありますし、表現もさまざまです。相手と場所などを考えて使い分けます。

「どうも、おじゃましました」	Sorry we had to bother you.
「いいえ、どういたしまして」	No bother at all.
「すみませんが、時間がありません」	**I'm sorry**, but I don't have time right now.
「それは残念です」	**I'm sorry** about that.

▶ **レストランなどで、先に席を立つとき**

「申し訳ありません。楽しんでください」	**I apologize**. And, have fun.
「気にしないでください」	Don't worry about it.

▶ **約束の相手に、緊急の用事で会えなくなったとき**

「あの方におわびの気持ちを伝えてください」	Please give him **my deepest apologies**.
「はい。心配しないで」	I will. Don't worry.

▶ **見知らぬ人に話しかけるとき**

「大変、失礼ですが、ジョン・ブラウンさんですか」	**I beg your pardon?** But are you Mr John Brown?

相手を気づかう "思いやり" フレーズ 32

I'm so sorry.
ご愁傷さまです。

知り合いの人が不幸にして亡くなったとき、「ご愁傷さまです」に相当する言葉は、**"I'm so sorry."/"Please accept my condolences."** です。

「本当に残念なことです」	**I am deeply sorry.**
「お悔やみを申しあげます」	**Please accept my condolences.**
「言葉がありません！」	**I'm speechless!**
「お察しいたします」	**My thoughts are with you.**

なお、「死去する」は、pass away を使って、次のように表現します。

「彼は逝去いたしました」	**He has passed away.**
「彼女は長期の病気の後、逝去しました」	**She has passed away** after a long illness.

If you don't mind....

おさしつかえなければ…。

相手に気兼ねしながら、言いにくいことを言うときの「おさしつかえなければ」／「すみませんが」／「よろしかったら」は **"If you don't mind ...."** です。

mind は「気にかかる」／「いやだと思う」という意味の動詞なので、**"If you don't mind...."** は「あなたが気にされないのなら」というわけで、相手の気持ちをいたわりながら、声をかけるときの丁寧な表現です。

"If you don't mind."（すみません）は、人ごみの中を歩くときなどにも使えます。

「すみません。お名前をもう一度お願いします」	Your name, again, **if you don't mind?**
「グレン・ローズ です」	I'm Glenn Rose.
「何かご用ですか」	What can I do for you?
「すみませんが、人を探しているんです」	**If you don't mind,** I'm just looking for someone.
「失礼ですが、3階で降ります」	I'll get off on the third floor, **if you don't mind.**
「足元にお気をつけて」	Watch your step.

相手を気づから"思いやり"フレーズ 34

It depends.
場合によりけりです。

物事を判断するとき、状況によって左右され、一概に言えないときの表現、つまり、Yes. か No. か、はっきり答えられない場合には、**"It depends."**（場合によっては）／（〜に依存する）／（〜次第）と返事します。

使い方は、「It (That) + depends + on + 名詞」。

「時間どおりに着きますか」	Are we going to be on time?
「さあ、車の渋滞次第です」	I don't know, **it depends** on the traffic.
「また、お会いできますか」	Can I see you again?
「わかりません」	**That depends.**
「明日の予定はどうなりますか」	What are we going to do tomorrow?
「明日の予定は天候によります」	Tomorrow's plan **depends on the weather.**
「京都には長くおられますか」	Will you be staying long in Kyoto?
「場合によりますね」	Well, **that depends.**

心をなごませる感じのよい英会話　41

相手を気づかう"思いやり"フレーズ 35

● TRACK 18

It's been a long time.

おひさしぶりです。

誰かに久しぶりで出会ったとき、**"It's been a long time."** と声をかけます。

親しい間柄なら、**"Long time no see!"** と言い合うこともあります。これはブロークン・イングリッシュですが、アメリカに住み着いた中国人が文法を考えないで作った表現で、アメリカ人たちがおもしろがってカジュアルに友人の間などのあいさつに使うようになり、英語フレーズとして立派に定着しました。

「佐藤さん、お元気ですか。前にお会いしてから、ずいぶんたちました」	Sato san, how are you? **It's been so long** since I saw you.
「どうしておられましたか」	How have you been?
「とても久しぶりだね」	**It's been such a long time.**
「いろいろ知りたいな…いつ帰ったの？」	There is so much I want to know … when did you come back?
「数週間前だよ」	Well, I got back a few weeks ago ….
「しばらく！どうしていたんだい」	**Long time no see!** What have you been up to?
「忙しくしていたよ」	Been keeping myself busy.

相手を気づかう"思いやり"フレーズ 36

It's for you.

あなたに（お電話です）。

電話を受けて、その電話の受け手に受話器を渡すときの言葉です。

「もしもし、どちら様ですか。
　少しお待ちください。
　佐久間さん、電話です」

Hello. Who's calling, please?
One moment, please.
Sakuma san, **it's for you**.

「パリ本社から電話です」
「わかった、お返事すると
　言ってください」
「もしもし、今、電話に
　出られませんが、折り返し
　お電話するそうです」

The Paris main office for you.
Yes. Tell them I'll get back to them.
I'm sorry. He can't talk right now.
But he'll call you back soon.

相手を気づかう"思いやり"フレーズ 37　　TRACK 19

It's not half bad.

そんなに悪くありません。

"It's not half bad." は、「想像したほど悪くない」/「そんなに残念がることはない」という慰めの言葉。ときには、"Not half bad." とも言います。

「このワインどう？」	How do you like this wine?
「そんなに悪くないね」	Well, **it's not half bad.**
「ベストの日本製ワインよ」	It's the best wine made in Japan.
「車なしの生活ってどう？」	What do you think of your life without a car?
「想像したほど悪くないな」	Well, **not half bad.**
「ほかのことにお金を使えるから、試してみる価値はあるわね」	You could spend money on other things. It's worth trying.
「この恋愛小説どう思う？」	How do you like this love story?
「いいんじゃない」	**Well, not half bad.**
「作者が賞を取ったよ」	The writer has won a prize.
「無理もないね」	No wonder.

相手を気づかう "思いやり" フレーズ 38

It's on me.

私のおごりで。

レストランやバーの支払いのとき、「私のおごりで」/「ごちそうします」というときには、何と言ったらよいのでしょうか。**"It's on me."** です。ほかに、**"This is my treat."**/**"It's my turn."** と言うこともあります。

「今回は私のおごりで」	**It's on me**, this time.
「ごちそうさま。次は私が払います」	Thank you very much. I'm going to pay next time.
「お勘定をお願いします」	Excuse me, the check please.
「いや、私のおごりで」	No, no. **This is my treat.**
「これは私が払います」	Let me pay now. **It's on me**.
「割り勘にしましょう」	Well, let's divide the cost equally.
「こちらへ請求書を渡してください」	Would you pass the check to me, please?
「私がごちそうします！前に払ってくださったから、私の番です」	**It's on me!** Since you paid last time, **it is my turn**.

相手を気づかう"思いやり"フレーズ 39　　　TRACK 20

Just a little.
少しだけ。

相手から何か聞かれて、「少しだけ」と答えたいときには **"Just a little."**。相手との距離を短くする表現です。

「英語ができますか」	Do you speak English?
「少しだけ」	**Just a little.**
(食べ物を)「もう少しいかがですか」	Would you like some more?
「では、少しだけ」	Well, **just a little.**
「もう少し飲み物をいかがですか」	Care for some more drinks?
「では、少しだけ。	**Just a little.**
ほろ酔い気分ですから」	Because I'm **a little** tipsy.
「私がほんの少女だったとき、	When I was **a little** girl
よく、その歌を歌ったものです」	I used to sing that song often.

46

相手を気づかう "思いやり" フレーズ 40

Just in case.

念のために。

in case は、「もしも万一の場合」/「念のために」/「あえて〜する」という気持ちを表すときに用いられます。会話の中では、**just in case** と just をつけることが多いようです。

「午後には雨が降るかもしれないから、傘を持って行ったら？念のために」
It might rain this afternoon. Please take an umbrella, **just in case.**

「傘は持たないことにしています」
I don't carry an umbrella.

「念のため、もし彼女が空いていなければ、本田ヒロが代理で出席いたします」
If she isn't available, **just in case**, Ms Hiro Honda will be attending in her place.

「念のために電話番号を教えてください。
Could you give me your number, **just in case**?

とても楽しかったけど、もう会えないかもしれないから」
I had a very good time. And I'd never find you again.

相手を気づかう"思いやり"フレーズ 41　　● TRACK 21

Let's call it a day.

今日はこれで終わりにしましょう。

一日の仕事の終わりのひと言「これで今日は終わりにしよう」は、**"Let's call it a day."**。

「ああ疲れた。今日は終わりにしよう」	I'm tired. **Let's call it a day**.
「私も」	Me, too.
「おつかれさまでした」	Thank you for your hard work.
「これで大変な仕事は終わった。忙しい一日だった」	We've finished our hard work. What a busy day.
「今日は、これで終わりですね」	**Let's call it a day.**
「とてもたくさんの顧客を訪問しました」	You visited so many clients.
「今日は終わりにしましょう」	**Let's call it a day.**

相手を気づかう"思いやり"フレーズ 42

Let's drink to that.

賛成です。

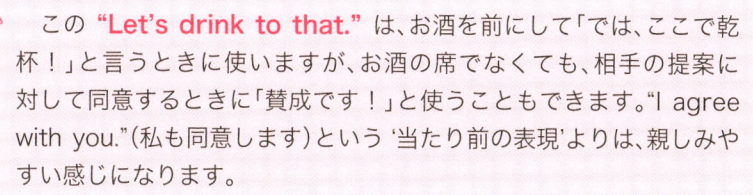

　この "Let's drink to that." は、お酒を前にして「では、ここで乾杯！」と言うときに使いますが、お酒の席でなくても、相手の提案に対して同意するときに「賛成です！」と使うこともできます。"I agree with you."（私も同意します）という'当たり前の表現'よりは、親しみやすい感じになります。

　さて、お酒を前にして「乾杯！」と言うには、ほかにもいくつかの言い方があります。この本の74ページをどうぞ。

| 「この夏、ハワイへ行きましょう？どう思う？」 | Why don't we go to Hawaii this summer? How about that? |
| 「賛成です」 | **Let's drink to that.** |

| 「マイク、とてもよくやったね！」 | Mike! You did a great job! |
| 「そのとおり」 | **Let's drink to that.** |

「今日、昇給したよ」	I got a raise today.
「本当？ おめでとう」	Really? Congratulations.
「さあ、一杯飲もう」	**Let's drink to that.**

相手を気づかう"思いやり"フレーズ 43

Let's keep in touch.
連絡し合いましょう。

"Good bye."/"Good night."のほかの別れのあいさつには、時と場合によって、いろいろな言い方があります。**"Lets keep in touch."**/**"Best regards."**などを覚えておきましょう。

「では、また」	See you soon.
「ジョンによろしく」	**Best regards to John.**
「お話しできてよかったです」	**It was nice talking to you.**
「こちらこそ、うれしかったです。連絡し合いましょう」	The pleasure was mine. **Let's keep in touch.**
「和子と連絡とり合っていますか」	**Do you still keep in touch with Kazuko?**
「ええ、元気にしています」	Oh, yes. She's fine.
「近くお電話ください」	**Please call me soon.**
「はい、そうします。そのときまで、さようなら」	**Yes. I'll call you. Until then. Good bye.**
「楽しい時を！」	**Have a good time!**
「お体にお気をつけて」	**Take care of yourself.**
「そちら様も」	**You, too.**
「よい週末をお過ごしください」	**Please have a good weekend.**

相手を気づかう"思いやり"フレーズ 44

Make no mistake.

お間違えのないよう。

人は誰でも間違えたり、勘違いをします。
"Make no mistake (about it)." は、そんなときのアドバイスの言葉。また、「お間違えのないよう。これは発売している最高の品物です」などと、相手に念を押すときにも使います。

「お間違えのないよう。これは発売中の最高のカメラです」	**Make no mistake.** This is the best camera available.
「そうですか」	Is that so?
「来週、お会いすることになっていますね」	Are you going to see me next week?
「いいえ、そうではないと思います。何かの間違いです」	No, I don't suppose so. **There must be some mistake.**
「間違いはありませんね」	**Are you sure there's no mistake?**
「ありません」	Yes, I'm sure.
「あなたは大きな間違いを犯しています」	You are **making a big mistake**.
「いいえ、そうは思いません」	No, I don't think so.

心をなごませる感じのよい英会話

相手を気づかう"思いやり"フレーズ 45　　●TRACK 23

Might as well.

そうしましょうか。

何か心に思ったとき、「しないよりは、するほうがよい」という気持ちになって発する言葉。「そうしようかな」／「そうしたほうがいい」という感じです。

"Might as well."だけでも使えますが、後ろに具体的な動詞をつけると、あなたの考えていることを、より正確に伝えることができます。

「今、セール期間なので、背広を新調しようかな」	Because it's on sale now, I **might as well** get a new suit.
「寝る時間よ。テレビを消したほうがいい？」「そうしようか」	Time for bed. Should I turn the TV off? **Might as well.**
「その箱をとっておいたほうがいいよ。後で役に立つから」	You **might as well** keep the box. It can be useful later.
「出張中の領収書は全部とっておくことです」「そうします」	Keep all the receipts during the business trip. **Might as well.**

相手を気づかう"思いやり"フレーズ 46

My fault.

私こそ（失礼）。

　狭くて、人がやっとすれちがえるくらいの通路で、すれちがおうとして、相手にさわってしまった、という経験はありませんか。列車内や飛行機内、あるいはエレベーターの中などで。そんなおり、"Sorry."と言われたときの返事が、この**"My fault."**です。

　"Sorry."と言われて、"Sorry."と返すのも味気ない。そうかといって"It's all right."では「私こそ」の感じが出ない。そんなとき、**"My fault."**は、こちらも悪かったと感じている自分の気持ちを伝えます。

「失礼！」	Sorry!
「私こそ！」	**My fault!**

　fault（発音：フォールト）は、'過失'／'欠点'／'責任'という名詞。**"It's your fault."**（あなたのせいです）、**"It wasn't my fault."**（私のせいではなかった）、**"This mess is our fault."**（この混乱は私どもの責任です）など。

　込み合うところで触れてもよい女性の体は、背中のほんの一部分と、バッグなどの持ち物だけ、という話を聞いたことがあります。

相手を気づかう "思いやり" フレーズ 47

No big deal.

大したことはありません。

「何でもない。たった、それだけのこと」とか「大したことじゃないこと」を表す言葉です。

また、階段を踏みはずしたり、ドアに手を挟まれたりして、「おけがは？」などと聞かれたときの返事です。同じような返事として、**"No harm done."** とも言います。

「マンション(コンドミニアム)を買ったんですって？」	Have you bought a condominium?
「大したことじゃない、秘密ではありません」	It's **no big deal**. It's no secret.
「おけがはありませんか」	Have you hurt yourself?
「いいえ、大したことはありません」	**No big deal.**
「すみません。あなたのつま先を踏んでしまいました」	Sorry, I stepped on your toe.
「いいえ、大丈夫です。大したことはありません」	It's okay. **No harm done.**

相手を気づかう"思いやり"フレーズ 48

Not at all.
何でもありません。

"Not at all." は、相手からお礼を言われたときの丁寧な返事の言葉です。

また、相手を気づかう表現として、「No + 名詞」の形で、シンプルに気持ちを表すこともできます。

それは、**"No problem."**(問題ありません)／**"No trouble."**(手数ではありません)など。

「いろいろ助けていただき、ありがとうございました」
「何でもありません。喜んで」

Thank you very much for all your help.
Not at all. Happy to do it.

「こんな時間に家まで送っていただいて」
「何でもありませんよ」

Do you mind taking me home at this hour?
Oh, no. **No trouble.**

「読むのには暗すぎませんか」
「問題ありません」

Is it too dark for you to read?
No problem.

相手を気づかう"思いやり"フレーズ **49**　● TRACK 25

Please!

お願い！

　英米の親は子供に向かって、「何かをお願いするときには please をつけること」と教えます。つまり、**please** を使うだけで、丁寧になり上品な会話になります。敬語の代用になるのです。「名詞（動詞）＋ **"Please"**」を覚えれば、何かを頼むときには、**"Please."** だけで、後は何も言わないでも（動詞をつけなくても）通用します。

「お飲物をどうぞ」	Your drinks, **please.**
「コーヒーをください」	Coffee, **please.**
「お名前をどうぞ」	Your name, **please.**
「ご住所をどうぞ」	Your address, **please.**
「お勘定をお願い」	The check, **please.**
「こちらにサインをどうぞ」	Sign here, **please.**

相手を気づかう "思いやり" フレーズ 50

Take your time.
ごゆっくり。

"Take your time." は相手に向かって、「ゆっくり時間をとってください」と勧めるフレーズ。

たとえば、事務所で誰かが外出しようとしているとき、お客が店の中で商品を見定めているとき、洋服の試着をしようとしているとき、などに使います。

「いらっしゃいませ。何か」	May I help you, madam?
「どうも。見ているだけですから」	No, thank you. I'm just looking.
「ごゆっくり」	**Take your time.**

「これを試着していいですか」	Can I try this on?
「もちろんです。ごゆっくり、どうぞ」	Of course. **Take your time.**

「ちょっと外出してきます」	I'll go out for a while.
「ごゆっくり。 でも、会議に間に合うように もどってください」	**Take your time.** But come back in time for the meeting.

心をなごませる感じのよい英会話　57

相手を気づかう"思いやり"フレーズ 51

Thank you for your hard work.
おつかれさま。

ねぎらいの言葉としての「おつかれさま」は、**"Thank you for your hard work."** とか **"Good job!"** です。

しかし、出会ったときの挨拶の一部として使う場合には **"Hello again."** とか **"Let's work together."** が適当でしょう。

「さあ、今日の仕事は、これで終わりにしよう」	Let's call it a day, shall we?
「おつかれさま」	**Thank you for your hard work.**
「やっと終わりました」	Well, I'm glad it's over.
「おつかれさま」	**You did a good job.**
「おつかれさまです」	**Hello again.**
「おつかれさま」	**Let's work together.**
「忙しい一日になりそう」	Another busy day, isn't it?
「そうだね。がんばろう」	It is. Let's do our best.

相手を気づかう"思いやり"フレーズ 52

That's a waste.
もったいない。

金銭や資源などを無駄遣いするのをたしなめる言葉「もったいない」は、**"That's a waste."** / **"It's a waste."** です。(発音はウエイスト)

「今日の会議には出たくないな」	I don't want to attend the meeting today.
「なぜ？」	Why not?
「時間の無駄だよ」	**It's a waste** of time.
「二人は別れたほうがいいと思うよ」	I think we should break up.
「別れるって？」	Break up?
「そう。彼女は電話に出ないと言ってる、だから、時間がもったいない」	Yes, she said she would not answer the phone, so **it's a waste** of time.
「あそこに占い師(手相見)がいるよ」	There's a palmist.
「行かないで！時間とお金がもったいないから」	Don't try it. **That's a waste** of time and money.

相手を気づから"思いやり"フレーズ 53

This is nothing special.

つまらないものですが。

　贈り物をするとき、日本語の決まり言葉に「つまらないものですが」があります。英語に訳しにくい言い方ですが、**"This is nothing special."**（特別のものではありません）とか **"This is a little something for you."**（ささやかなものです）と言ってみてはどうでしょうか。

「ささやかなものではありますが」	**This is a little something for you.**
「ありがとうございます。ちょうど、欲しいと思っていました」	Thank you so much. It's just what I wanted.
「何でもお持ちとは存じておりますが、特別のものではございません」	I know you have everything. **This is nothing special.**
「どうもありがとうございます」「つまらないものですが」	Thank you very much. **Nothing special.**
「このネクタイをデパートで見つけました。お似合いだと思いまして」	I found this tie at the department store. I think it would look good on you.

相手を気づかう"思いやり"フレーズ 54

What are you doing now?
今、何をしていますか。

"What are you doing now?"は、今そのときに相手が何をしているかを聞く表現です。

そのときに実際に進行している状況(ここで／今)を尋ねているわけですから、現在進行形を使います。現在進行形は、未来の予定も表します。

▶電話で

「一男さん、今、何をしているの？」	**What are you doing now**, Kazuo?
「スパゲッティをゆでているんだ。どうしたの？」	I'm boiling spaghetti. What's up?
「何でもないわ。ただ、思い出したので」	Nothing. I'm just thinking of you.

▶思いがけない場所で出会って

「ここで何をしてるの？」	**What are you doing here?**
「同僚と一緒に来たんだ。ところで、元気？」	I came here with a colleague. So, how are you?
「元気よ」	I'm well.

▶予定を聞く

「来週何をする予定ですか」	**What are you doing next week?**
「千葉へドライブしようと思います」	I'm going to drive to Chiba.

心をなごませる感じのよい英会話

相手を気づかう"思いやり"フレーズ 55

What brings you here?
どうして、ここに？

思いがけない場所で知り合いの人に出会ったときのあいさつ「どうして、ここにいるのですか」は **"What brings you here?"**/**"What brought you here?"**。その場所にいる理由や経過などに興味を持って、相手に聞いています。

・bring ＝持って（連れて）くる／導く　・bring の過去形 ＝brought

「どうして、この日本にいるのですか？」	**What brings you here** to Japan?
「日本文化に興味がありますので」	Because I'm interested in Japanese culture.
「どうして、このスポーツ・クラブへ？」	**What brought you** to this sports club?
「友だちが連れてきてくれたので」	One of my friends brought me here.
「こんな時間に、どうして、ここへ？」	So **what brings you** out at this hour?
「私の友人がこの近くにいるからです」	I have a friend in the neighborhood.
「どうして、その結論になったのですか」	**What brings you** to that conclusion?
「上司のサジェスチョンです」	Because my boss suggested it.

相手を気づかう "思いやり" フレーズ 56

What do you think?
どう思いますか。

"What do you think?" は、何か特定のことや置かれている状況に対して、相手の反応を知りたいとき、あるいは、その人がどのような意見を持っているかを尋ねるときの表現です。

「来月、金沢を訪れます。どう思いますか」	We're visiting Kanazawa next month. **What do you think?**
「すばらしいじゃない」	Sounds good to me.
「これが会社の来年のカレンダーです。どう思いますか」	This is our company calendar for next year. **What do you think?**
「とってもいい、すごく美しいです」	Stunning. Just beautiful.
「株式市場が賑わっています。どう思いますか」	The stock market is booming. **What do you think?**
「誰も未来のことはわかりません」	Nobody can tell the future.

心をなごませる感じのよい英会話

相手を気づかう"思いやり"フレーズ 57

Would you care for another?
もう一ついかがですか。

人に何かを勧めるとき、**"Would you care 〜?"** を使うと、"Would you like 〜?" より丁寧さが増し、もっと改まった表現になります。

care は「〜をすることが好き」／「〜に興味を示す」／「〜が気になる」という意味で、
1) care to ＋ 動詞、
2) care for ＋ 名詞、
3) care ＋ 名詞句　の形で表現されます。

また、"Would you care 〜?" を短くして、「もう一ついかが？」→ **"Care for another?"** のようにも使われます。

「もう一つ召し上がりますか」	**Would you care for another one?**
「お願いします」	Thank you.
「ダンスをいかがですか」	**Would you care to dance?**
「踊らないんです。誘っていただいて、ありがとう」	I don't dance, but thanks for asking.
「泳ぎに行きませんか」	**Care to go for a swim?**
「今はけっこうです。どうも」	Not now, thanks.
「買物につき合いませんか」	**Care to join us for shopping?**
「喜んで」	I'd be happy to.

相手を気づかう "思いやり" フレーズ 58

You'll be missed.
さびしくなります。

　何らかの理由で誰かと離れることになったときの言葉、「あなたがいなくなって、さびしくなります」は **"You'll be missed."**。"I'll miss you."の受身の形です。受身の形は、なるべく使わないほうがいいともいわれますが、ここでは、you を主語にすることで'さびしさ'をより深く表しているのではないでしょうか。

「夫がパリの勤めになって、フランスへ行くことになりました」

My husband has been offered a position in Paris.
So, we're going to France.

「それは、よかった。でも、お二人と会えなくなって、さびしくなります」

That's very good.
Well, **you'll be missed**. Both of you.

「今日仕事を辞めました」
「本当に？ そんなに突然？ さびしくなるなあ」

I quit working here today.
Really? So suddenly?
But, **you'll be missed.**

相手を気づかう"思いやり"フレーズ 59　　●TRACK 30

You'll be sorry.
後悔しますよ。

毎日の暮らしの中で、「ああすればよかった、ああしなければよかった」と思い悩むことは、よくあります。そんなとき、相手に忠告する言葉の一つが、**"You'll be sorry."** であり、その反対は、**"You won't be sorry."** です。

「このドレスを買わなければ、後悔しますよ」	You'll be sorry if you don't buy this dress.
「それじゃ、考えてみるわ」	Well, I'll think it over.
「家に早く帰れば、後悔しません。今夜は大雪が降りますから」	You won't be sorry if you go home early. We'll have heavy snow tonight.
「これ以上飲んだら、後悔しますよ。明日の朝、二日酔いになりますから」	You'll be sorry if you drink more. You'll get a hangover tomorrow morning.

相手を気づかう "思いやり" フレーズ 60

You need exercise.

運動が必要です。

あなたが'少し太りすぎだな'と思う人に出会ったら、**"You need exercise."** と声をかける思いやりを持ちましょう。「運動をしていますか」は **"Do you work out?"** です。

「運動をしていますか」	**Do you work out?**
「いいえ」	Not at all.
「少しも？」	At all?
「ええ」	No.
「散歩などの軽い運動が必要です」	**You need light exercise** such as walking.
「あなたは体重がふえたみたい。運動が必要です」	You seem to have gained weight. **You need exercise.**
「やってみますよ」	I'll try.

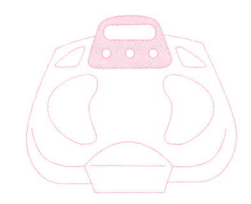

第2章 相手を喜ばせる感じのよいフレーズ

1. 絵になるじゃない?
2. 惜しい!
3. いつでも。
4. 次はいいことがありますよ。
5. 乾杯!
6. 元気を出して!
7. おめでとうございます。
8. お手柔らかに。
9. がんばって!
10. よい話ができました。
11. 楽しんで。
12. ご自由にどうぞ。
13. おみそれしました。
14. がんばります。
15. どうにかできます。
16. お目にかかるのを楽しみに。
17. 新車を買ってもよいころです。
18. あなたにピッタリ!
19. 期待して待って!
20. スマイルでいこう。
21. 少ないことは多すぎるよりいい。
22. 同じに。
23. おくつろぎください。
24. 最高!
25. よいお天気で。
26. 次の機会にきっと。
27. 起きて輝きなさい。
28. あなたも!
29. こうしましょう。
30. どうも、ありがとうございます。
31. いつもお世話になります。
32. おまかせください!
33. ようこそ!
34. うまい!
35. お気の毒に。
36. ホッとしました!
37. 何でもかまいません。
38. お願いできますか。
39. さすがだね。
40. ほっそりとスッキリ。

相手を喜ばせる"感じのよい"フレーズ 1　　　TRACK 31

Aren't you a picture?

絵になるじゃない？

「あなたは絵になるほど魅力的だ」と英語で言うと文字どおり **"Aren't you a picture?"** です。これは、"You are a picture." を疑問形と否定形にして強めたもの。

また、「あなたは絵のようだ」は **"You are like a picture."** とも言えます。ほかの言い方としては、**"You are as pretty as a picture."**「あなたは一枚の絵と同じようにかわいい」というのもありますね。

「絵になるじゃない？」　　　　　**Well, aren't you a picture?**

「どうも、ありがとう。　　　　　Thank you very much.
　これまでに聞いた最高の　　　That's the best compliment of
　褒め言葉よ」　　　　　　　　　my life.

「新しいドレスをどう思う？」　　What do you think of my new dress?

「すばらしい。あなたは、　　　　You are Just wonderful.
　まるで、絵のようにかわいいよ」 **You are as pretty as a picture.**

「この湖を見て。　　　　　　　　Look at this lake.
　きれいじゃない？」　　　　　　Isn't it beautiful?

「そうだね。絵のようだ」　　　　Right. **It's as beautiful as a picture.**

70

相手を喜ばせる"感じのよい"フレーズ 2

Almost!

惜しい！

"Almost!"は、「もう少しでほとんど成功したのに惜しい」ときのひと言。「もう少しの努力でうまくいったのに」と、テレビのクイズ番組で司会者が回答者に言う言葉。また、ゴルフのグリーンで外れたとき、バスケットボールでうまく入らなかったとき、などに使います。また、「～になるところだった」/「～するところだった」とギリギリの状態も説明できます。

「惜しい！ 入らなかった」	**Almost!** You missed it.
「ゴールまでもう少しだったのに残念だ」	You were so close to the goal. Sorry about that.
「今、何時ですか」	What time is it?
「10時になるところです」	**It's almost ten.**
「本当？ 時間を忘れていました」	Really? **I almost** forgot the time.
「お酒を飲みますか」	Do you drink sake?
「ええ, 飲みます。ほとんど毎晩です」	Yes, I do. **Almost every night.**
「それは飲みすぎです。健康に注意しなければいけません」	That's too much. Take care of your health.

Anytime.
いつでも。

「いつでも」/「どんなときでも」という気持ちを表すのが **"Anytime."** です。
「あなたの都合にはいつでも応じます」という前向きの姿勢です。

「おじゃまして申し訳あり
　ません」
「全然かまいませんよ。
　いつでもどうぞ」

I'm terribly sorry to bother you.
It's perfectly all right. **Anytime.**

「私たちとランチをどう?」
「もちろん。いつでも」

How about lunch with us?
Sure, anytime.

「お世話になりまして」

「いつでも寄ってください」

Thank you very much for your help.
Please drop in at anytime.

「こちらが私の名刺です。」
　いつでもご連絡を」

This is my card.
Please contact me anytime.

「良いアイディアをありがとう」
「どういたしまして、いつでも
　どうぞ」

Thank you for your good idea.
You're welcome. **Anytime**.

相手を喜ばせる"感じのよい"フレーズ 4

Better luck next time.
次はいいことがありますよ。

何かで落ち込んでいたり、思いがけないことに出あって落胆している人を慰めて、勇気づける言葉です。

「落ち込んでいるみたいだけど、どうしてそんなに悲しいの？」	You look depressed, don't you? Why so blue?
「私のネコがいなくなったの」	Well, my cat has been missing.
「それは大変だ。今にいいことがあって、そのうちに、見つかるよ」	Oh, what a pity. **Better luck next time.** I'm sure you'll find her before long.
「休暇はいかがでしたか」	How was your vacation?
「よくなかった。雨続きで寒くて」	It was terrible. It rained and rained. Very cold.
「次はいいことがありますよ」	**Better luck next time.**

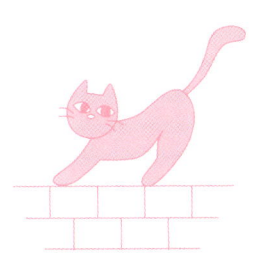

相手を喜ばせる"感じのよい"フレーズ 5

● TRACK 33

Cheers!

乾杯！

「乾杯！」は、"Cheers!"か"A toast!"ですが、ほかに、"Here's to your health."（あなたの健康に）などと声をかけ合います。また、Here's を省略して、"To our friendship."（二人の友情のために）と言うこともあります。

なお、イギリスでは、Cheers! は「さようなら」／「ありがとう」／「ごきげんよう」の意味で使われており、フレンドリーな響きを持っているので、親しい間柄なら、e-mail の最後に書くとオシャレです。

乾杯は何世紀も前に、毒殺を避けるためグラスを合わせて液体のしぶきを飛ばし合ったのが儀式化されました。

「新居に乾杯。 すてきなところです」
Here's to your new house. It's a lovely place.

「ヒロミに乾杯」
「二人のこれからの 長い友好のために」
A toast to Hiromi. To a long and lasting friendship.

「ここで乾杯をしたいと思います。 われわれの未来のために」
I'd like to propose a toast. To our future.

「ご結婚をお祝いいたします」
Congratulations on your wedding.

「新婚さんに万歳三唱！」
Three cheers for the newlyweds!

相手を喜ばせる"感じのよい"フレーズ 6

Cheer up!
元気を出して！

相手がうかない顔をして元気がないとき、「心配は無用、元気を出しなさい」という'はげまし'のひと言が、**"Cheer up!"**。

・cheer ＝「応援、かっさい、歓呼」(名詞)／「元気づける、活気づける、慰める」(動詞)。

「どうしたの？ うかない顔して。元気を出しなさい！ すぐ直るから」	What's the matter? You look blue. **Cheer up!** You'll get over it.
「そうね。天気もいいことだし」	I suppose so. The weather is good, too.
「元気を出しなさい！何もかも、うまくいくから」	**Cheer up!** Everything will work out for the best.
「そうね」	I hope so.
「ひどい風邪をひきました。鼻水が出て」	I have a terrible cold. I have a runny nose.
「元気を出して！ 温かいものをあげるから」	**Cheer up!** I'll bring you something warm.

相手を喜ばせる"感じのよい"フレーズ 7

● TRACK 34

Congratulations.
おめでとうございます。

お祝いの言葉として誰でも思い浮かぶのは "Congratulations." です。ここで、その具体的な、より正確な言い方を復習しましょう。

使い方は、「congratulations + on + 名詞」。

「受賞、おめでとうございます」	**Congratulations on your award.**
「ご成功をお祝いします」	**Congratulations on your success.**
「5月に結婚することになりました」	We're going to get married in May.
「ご結婚をお祝いします」	**I congratulate you on your wedding.**
(花婿に)「おめでとうございます」 (花嫁に)「どうか、お二人でお幸せに」	**Congratulations.** I hope you'll be very happy together.
「おめでとうございます。あなたは当航空会社で10万人目のお客様です」	**Congratulations,** you are the one hundred thousandth passenger to fly on this airline.

76

相手を喜ばせる"感じのよい"フレーズ 8

Go easy on me.
お手柔らかに。

トランプやゲーム、あるいはテニスなどで、相手が明らかに優れているとき、**「お手柔らかにお願いします」**と言いますが、そのピッタリの表現が、**"Go easy on me."**。「私はそんなに上手ではないので、あまり強くあたらないで」という気持ちを込めています。また、**"Take it easy on me!"** も使われます。

「サーブをあと一回だけ行くよ」	Just one more serve.
「お手柔らかに願います」	**I hope you'll go easy on me.**
「ぼくのサーブを見たほうがいいよ」	You should see my serve.
「お手柔らかに」	**Please, go easy on me.**
「それは残念。練習の成果を見せられたのに」	Too bad. You could've used the workout.
「さあ, 将棋を始めようか」	Now, let's play Japanese chess.
「お手柔らかにね」	**Take it easy on me.**

心をなごませる感じのよい英会話 77

相手を喜ばせる "感じのよい" フレーズ 9　　　　● TRACK 35

Good luck!
がんばって！

　相手を励ます「がんばって」は、いくつかの言い方がありますが、一つは、"**Good luck!**"、次が "**Go for it.**"、そしてその次が "**Don't give up!**"というところでしょうか。
　また、"**Cheer up!**"（元気を出して！）を使うこともできますね。

「会えて、楽しかった。　　　　　Nice talking to you.
　がんばってね！」　　　　　　　**Good luck!**
「君も」　　　　　　　　　　　　You, too.

「テスト、がんばれよ」　　　　　**Good luck** with your test.
「ベストをつくすね」　　　　　　I'll do my best.
「あきらめないで！」　　　　　　**Don't give up!**

「それで、京子に恋したわけ？　　So, you're in love with Kyoko?
　恋しているなら、がんばれよ！」　If you're in love, **just go for it.**

相手を喜ばせる"感じのよい"フレーズ 10

Good talking to you.
よい話ができました。

「いろいろ話ができてうれしかった」と自分の気持ちを伝える別れのあいさつ。"Goodbye."と一緒に使います。"It has been good talking to you."を短くしたものです。

ほかには、"Nice talking to you." もよく聞かれます。同じように、はじめて会った人には"Good meeting you."や知り合いの人には"Good seeing you."も感じのよい表現です。

▶エレベーターで

「私の階です」	Well, this is my floor.
「さようなら、よい話ができました」	Bye. **Good talking to you.**
「マイク、また会いましょう」	See you around, Mike.
「では、また」	Well, see you again.
「よい話ができました」	**It's been good talking to you.**
「さようなら」	Good bye.
「また、お会いしましょう。会えてうれしかったです」	See you then. **Good seeing you.**
「よい話ができました」	**Nice talking** to you.

心をなごませる感じのよい英会話 79

相手を喜ばせる "感じのよい" フレーズ 11　　TRACK 36

Have a good time.
楽しんで。

誰かが外出や旅行などを計画して実行するときなどに、その人を元気づける言葉。誰でも思いつく enjoy も同じかもしれませんが、違う響きがあります。**"Have fun."** となると、カジュアルで軽く親しみやすくなります。

「今夜、野球を見に行きます」	We're going to a baseball game tonight.
「楽しんでね。私はここでテレビを観るから」	**Have a good time.** I'm watching TV right here.
「休暇でハワイに行きます」	We're going to Hawaii for vacation.
「楽しんでください」	**Have fun.**
「昨夜は楽しんだ?」	**Did you have a good time last night?**
「残念ながら」	Afraid not.
「どうして？」	Why?
「天気が悪かったから」	The weather wasn't good.

Help yourself.
ご自由にどうぞ。

　「ご自由にどうぞ」／「ご遠慮なく」は "Help yourself." です。
　Help yourself. は、直訳すると「自分自身を助ける」で、「自分でお皿に盛る」という意味です。あなたが自宅にお客を招いて、すきやきを前にして言う言葉。ビールのおつまみを相手に勧めるときにも使えます。
　このほか、地図やちらしなどを「自由にどうぞ」と勧めるときなどで、たとえば、店や街頭では「自由に歩き回って、商品を手に取って確かめてください」となります。
　別の言い方をすれば、"Help yourself." は、「許可を求めないで、好きなものを自由にお取りください」となります。

「すきやきをどうぞ」	Help yourself to some sukiyaki.
「どうも。おいしそうですね」	Thank you. Looks great.
「お名刺をいただけますか。また、ご連絡できますので」	Could I take one of your cards? So, I can contact you.
「もちろんです、どうぞ」	Sure. Help yourself.
「この地図をもらってもいい？」	Can I take this map?
「ご遠慮なく」	Help yourself.
「入ってもいいですか」	Could I come into your room?
「もちろんです。どうぞご自由に」	Sure. Help yourself.

相手を喜ばせる"感じのよい"フレーズ 13　　●TRACK 37

I didn't recognize you.

おみそれしました。

　recognize は、「何かを知っていることに気づく」／「自分の記憶していることを認めて、思い出す」の意味です。

　「おみそれしました」("I didn't recognize you.")は、自分が知っている以上のことを相手に発見したということで、この表現が生まれたのです。

　これは相手を褒める言葉ですが、ほかにも、「私が間違っていることがわかりました」("I recognize that I was wrong.")などのようにも使えます。

「君なの？ それとも違うかな」	Is it really you? Or isn't it?
「こんにちは！」	Hello!
「おみそれしました」	**I didn't recognize you.**
「髪型を変えたの」	I've changed my hair style.
「新しい君を発見したよ」	It's a new look for you!
「ごめんなさい。あなたを誤解していました。間違っていることがわかりました。どうぞ、許してください」	I'm sorry I got the wrong idea. **I recognize that I was wrong.** Please forgive me.
「あやまらなくてもいいんだよ」	Well, you don't have to apologize.

相手を喜ばせる"感じのよい"フレーズ 14

I'll do my best.
がんばります。

日本の企業が外国へ進出すると、相手国の従業員が覚える最初の言葉は「Ganbarimasu ＝ ガンバリマス」。人が何か困難にあったときや大きな仕事を前に発する言葉。日常生活に完全に定着している「がんばります」は、**"do one's best"**/**"try one's best"**（ベストを尽くす）で表すのが適切です。この助動詞の **will** は強い意志を表します。

▶**新しい目標を求められた社員の言葉**

「目標達成のために、がんばります」 We will **try our best** to achieve the goal.

▶**異動する社員の言葉**

「新しい仕事をがんばります」 **I'll do my best** in my new job.
「健康に気をつけてね」 Take care of yourself.

社長：「会社へようこそ」 Welcome to our company.
新入社員：「ありがとうございます。 Thank you, sir.
　　　　がんばります」 **I'll do my best.**

教授：「テストに落ちたね」 You've failed the test.
学生：「がんばったんですけど」 **I did my best.**

心をなごませる感じのよい英会話　83

相手を喜ばせる"感じのよい"フレーズ 15

I'll manage.

どうにかできます。

　日常の生活の中で、自分ではやれないと思われる仕事やむずかしく感じられる行動を「どうにかできます」／「何とかやってみます」と言いたいときには"I'll manage."。これは、日本語になっているマネージャー(manager)の動詞形です。

「皿洗いを手伝いましょうか」　　　Should I help with the dishes?
「いいえ、けっこうです。　　　　　It's all right.
　私がやります」　　　　　　　　　**I'll manage.**

「私なしで生きていけますか」　　　**Can you manage to survive without me?**

「自分のことは自分でできます」　　**I will manage** on my own.

「計画はうまく進んでいますか」　　Is your plan going all right?
「ええ、どうにか問題を解決します」　Well, **I think I'll manage to solve the problems.**

「私の家へ来ることができますか」　Can you come to my house?
「はい、どうも。どうにかできると　Yes, thank you. **I will manage.**
　思います」

相手を喜ばせる"感じのよい"フレーズ 16

I'm looking forward to seeing you.
お目にかかるのを楽しみに。

これから先に起こることを期待する表現、「お目にかかるのを楽しみにしている」は、**"I'm looking forward to seeing you."**。

使い方としては、次の2つです。

- 〜 look forward to ＋ 動詞の原型＋ing（動作）
- 〜 look forward to ＋ 名詞（物）

「まもなく、お目にかかります」	See you soon.
「お目にかかるのを楽しみに」	**I'm looking forward to seeing you.**
「お体をお大事に」	Please take care of yourself.
「メールで日時を知らせます」	I'll email you the date and time.
「メールを楽しみにしています」	**I'm looking forward to your email.**
「では、来週の日曜にお会いします」	Well, I'm going to see you next Sunday.
「その日を楽しみに」	**I'm looking forward to that day.**

相手を喜ばせる "感じのよい" フレーズ 17　　　TRACK 39

It's about time you bought a new car.

新車を買ってもよいころです。

「そろそろ 〜をしてもよいころです」は、"it is about time 〜" で表します。これは、「そうすべき時期であったのに、時遅しです」という気持ちを込めています。

この場合、time の後の 接続詞 (that) が除かれることと後の動詞が過去形になることが原則です。なお、about を省けば、もっと直接的になり、「〜のときです」となります。

「そろそろ新しいPCを買っても
　いいころです」
「そう、いい考えですね」

It's about time I bought a new PC.
Right. It's a good idea.

「過去のことは水に流しても
　いいころです」
「そうかしら」

It's about time we put the past behind us.
I don't know.

「紹介し合ってもいいと
　思いませんか」
「まだ、そうは思いません」

Don't you think it's time we were introduced?
Not yet. I don't think so.

「イタリア語を習っても
　よいころです」
「そうですね」

It's about time you studied Italian.
Exactly.

相手を喜ばせる "感じのよい" フレーズ 18

It's you!
あなたにピッタリ！

「いかにもあなたらしい」「あなたにピッタリ」と言いたいときの言葉は **"It's you!"**。

相手の服装とか持ち物を褒めるときに使います。

「あなたにピッタリ！
そのスーツは似合います」

It's you!
I like your suit. It suits you.

「どうもありがとう」

Thank you.

「そのネクタイ、とてもいいですね。
あなたにピッタリ！」

Very good tie, isn't it?
It's you!

「でも、古いです。
3年前に買いました」

It's old, you know.
I bought it three years ago.

「そのバッグをどうして手に
入れたの？」

Where did you get the bag?

「妻が誕生日のプレゼントに
くれました」

My wife gave it to me as a birthday present.

「ピッタリですね。あなた向き
ですよ」

It's you! Just your style.

「彼女がそれを聞いたら喜ぶ
でしょう」

She would be pleased to hear that.

相手を喜ばせる"感じのよい"フレーズ 19　　●TRACK 40

Just wait and see!
期待して待って！

　相手に何らかの期待を持たせるフレーズの一つ、**「期待して待って」**→ **"Just wait and see."**。でも、本当にそれが実現するのでしょうか。この楽天家の話し手にとっては、'未来はバラ色'のようですが。

　さて、**"Let's wait and see."** は、期待感を持って「様子を見守りましょう」となります。

「きっとよくなるよ。 Things will get better.
　期待して待って」 **Just wait and see.**
「待ちますよ。でも、いつまで？」 Sure, but when?

「近いうちに連絡するよ。 I'll contact you very soon.
　期待して待って」 **Just wait and see.**
「いつも、そう言うのね」 That's what you say all the time.

「彼はテストに合格するかな」 Will he pass the test?
「様子を見守りましょう」 **Let's wait and see.**

相手を喜ばせる"感じのよい"フレーズ 20

Keep smiling.
スマイルでいこう。

「スマイル」という言葉は日本語になっていますが、**keep** をつけて、「スマイルし続けて」/「スマイルでいこう」と、誰かを励ましましょう。

「何でそんなに落ち込んでいるの？スマイルしなさい！」	Why so blue and depressed? **Keep smiling!**
「ああ、今日は何て忙しい日なんだ！とても疲れました」	What a busy day! I'm exhausted.
「心配しないで。スマイルで行けば、うまくいくわ」	Don't worry. **Keep smiling.** So, things will get better.
「うまくいくかな？」	Will they?

「あの彼女の笑顔、しかめ面、喜んだり、悲しんだりの表現…」
"Her smiles. Her frowns. Her ups, her downs..."
　　（「マイ・フェア・レディ」(My Fair Lady) の中の歌の一節）

相手を喜ばせる"感じのよい"フレーズ 21

● TRACK 41

Less is more.

少ないことは多すぎるよりいい。

20世紀前半にドイツの建築家、ミース・フォン・デル・ローエが言った言葉で、'単純でスッキリしたものがよい'というデザインのあり方を提唱したもの。

「控えめなことはいい」／「少ないことは多すぎるよりいい」を "Less is more." とたった3つの単語で表わしました。デザインの真髄といえましょう。

これは、ほかのことにもいえます。たとえば、生活。生活をシンプルにしていくと、自分が必要としているものは、想像以上に少ないことがわかります。

「あなたは無口ですね」
「控えめですから」

You don't talk much, do you?
Less is more.

「このデザインはシンプルで装飾的ではないですね」
「少ないことは多すぎるよりいいのです」

This design is simple with no frills.
Less is more.

「'Less is more' という表現が大好きです。
デザインのエッセンスだからです」

I love the expression, **'Less is more'**.
Because it is the essence of designing.

「今度のPCはより小型で、ずっと効率的になったね。確かに'単純でスッキリ'だね」

This computer is now smaller, and much more efficient.
'Less is more', definitely.

相手を喜ばせる"感じのよい"フレーズ 22

Likewise.
同じに。

相手の思いと同じ気持ちを感じたとき、とっさに言う言葉。「同感！」とか「同じ！」という意味です。

「お目にかかれて何とうれしいこと！」 How nice to see you!
「同感です」 **Likewise.**

「こんなにすばらしいゲームを　Delighted to see such a
　見られるとは！」 wonderful game!
「本当に、そうですね」 **Likewise**, I'm sure.

▶飲み物を注文して
「スコッチのロックを！」 Scotch on the rocks!
「同じものを！」 **Likewise!**

▶若い男女の会話
A：「お一人？」 Unattached?
B：「今のところ」 Currently.
A：「私も」 **Likewise.**
B：「興味ある？」 Interested?
A：「たぶん」 Perhaps.

心をなごませる感じのよい英会話　91

相手を喜ばせる"感じのよい"フレーズ 23

Make yourself at home.
おくつろぎください。

"Make yourself at home."は自宅へ人を招いたとき、部屋へ通して、「自宅のようにして」→「ゆっくりと、おくつろぎください」というねぎらいの言葉。あまり堅苦しくなく、振る舞ってください、という気持ちを含んでいます。

「われわれの家族のもとへようこそ」	Welcome to our family.
「ありがとうございます」	Thank you.
「ゆっくり、くつろいで」	**Make yourself at home.**
「どうぞ、こちらでくつろいで。その椅子に座りませんか」	Come in. **And make yourself at home.** Why don't you sit on that chair?
「ありがとう。ここはステキなところですね」	Thanks. Nice place you have here.
「来るのが早すぎたようです」	I hope I'm not too early.
「いいえ。どうぞこちらで、ごゆっくりして」	Not at all. **Make yourself at home.**

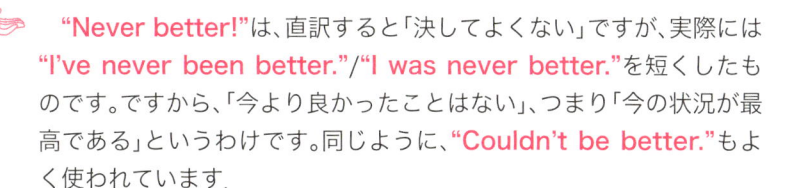

相手を喜ばせる"感じのよい"フレーズ 24

Never better!

最高！

"Never better!"は、直訳すると「決してよくない」ですが、実際には**"I've never been better."/"I was never better."**を短くしたものです。ですから、「今より良かったことはない」、つまり「今の状況が最高である」というわけです。同じように、**"Couldn't be better."**もよく使われています．

「調子はどうだ？」	How are you doing?
「とてもうまくいっています」	**Never better!**
「それは、よかった」	Oh, that's good.

「ビル、お元気？ ベッチーとはうまくいっていますか」	How are you, Bill? What's up with you and Betsy?
「言うことはないな」	**Couldn't be better.**

「仕事はどうなっていますか」	How's your business?
「最高です」	**Never better!**

相手を喜ばせる"感じのよい"フレーズ 25　　●TRACK 43

Nice weather we're having.
よいお天気で。

　世界中で最も頻繁に使われる話題。それは天気や天候です。どこでも使える無難なものです。天気や天候のことを取り上げて、大いにコミュニケーションを活発化させましょう。

「よいお天気で」　　　　　　　　**Nice weather we're having.**
「一日中、部屋にいるのは残念です」Sorry to stay in my room all day.

「よいお天気で」　　　　　　　　**Nice weather we're having.**
「そうですね」　　　　　　　　　It sure is.
「ゴルフ日和ですね」　　　　　　Golf day, right?

「とても暑いですね」　　　　　　**It's so hot, isn't it?**
「いやですね」　　　　　　　　　Isn't it awful?
「電気代が心配です」　　　　　　I'm worryed about my electricity bill.

「風が強いです」　　　　　　　　**It's so windy.**
「今日はすごく寒いです」　　　　**So cold today.**

「雨はいやですね」　　　　　　　**I don't like the rain.**
「私も雨がきらいです！」　　　　Me, neither.
「傘を持つのはきらいです」　　　I don't want to carry an umbrella.

「明日は晴れるかも」　　　　　　**Might be fine, tomorrow.**
「そう祈りたいです」　　　　　　Let's hope so.

相手を喜ばせる"感じのよい"フレーズ 26

Rain check.

次の機会にきっと。

「次の機会にきっと」/「次の約束を楽しみに」という気持ちを込めるひと言です。

Rain check は、野球やサッカーなどスポーツ競技場で観戦している途中、雨が降り出して試合が流れたときの半券。その半券を出せば再開試合を見られます。そこで、パーティーなどの約束を断るときなど「次の機会には必ず出席します」という気持ちを込めて使います。

「コーヒーでもいかが？」	Would you like some coffee?
「ごめんなさい、また今度ね」	**I'm sorry. Rain check**, though?
「きっとだよ」	Definitely.
「一緒にランチはいかが？」	Would you like to have lunch with me?
「そうですね、この次にします」	Well, **I'll take a rain check.**

▶ **スーパーなどのお知らせ**

「売り切れです。次のセールの予約券を発行します」	Sold out. We will issue **rain checks** for another sale.

心をなごませる感じのよい英会話

相手を喜ばせる"感じのよい"フレーズ 27　　●TRACK 44

Rise and shine.

起きて輝きなさい。

朝、ベッドの中でぐずぐずしている子供へ、「さあ、太陽のように昇って輝きなさい」という意味を込める'はげまし'の言葉。カジュアルな場面で、親しい間柄で使いましょう。

「サチ、もう9時過ぎだよ。 起きて輝きなさい。太陽のように」	Sachi. It's past nine. **Rise and shine**, just like the sun.
「パパ、私、星になりたいわ」	Papa, I want to be a star.
「まだ、眠いの。 ベッドへ戻ろうかな」	I'm still sleepy. Should I go back to bed?
「そんなことをしないで。 起きて輝きなさい。 もう太陽は昇っているよ」	Please don't. **Rise and shine.** The sun has already risen.

Same to you!
あなたも！

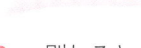

別れるときの言葉で、覚えておくと使いやすいのが、**"Same to you!"** **"Good luck!"**（ご幸運で！）とか **"Have a good day!"**（よい一日を！）などと相手から言われたときの返礼の言葉です。あなたが相手と同じ気持ちであることを伝えましょう。

「幸運を祈るよ！」	Good luck!
「君もね！」	**Same to you!**
「じゃ、楽しんで！」	Well, have fun!
「お互いに！」	**Same to you!**
「じゃあ、また。気をつけて」	See you, then. Take care.
「あなたも！」	**Same to you!**
「新年おめでとう、一男」	Happy New Year, Kazuo.
「おめでとう、スティファニー」	**Same to you, Stephany.**
「新年の決意は？」	What's your New Year's resolution?
「週に14杯以上のアルコールを飲まない、と決めたよ」	Well, I will not drink more than 14 alcohol drinks a week.
「本当？ 私もやってみるわ」	Really, I might as well **do the same.**

相手を喜ばせる"感じのよい"フレーズ 29

● TRACK 45

Tell you what.
こうしましょう。

　大げさでなく軽い提案で、何か話を切り出すとき、「こうしましょう」は、"Tell you what."。

　これは、"I'll tell you what I'll do." → "I'll tell you what." → "Tell you what." と、時と場合に応じて短くしたものです。

「私たち、どうしようかしら」
「では、こうしましょう。
　ランチを一緒に食べて、
　散歩しましょう」
「いい考えね」

What should we do?
I'll tell you what we'll do.
Let's have lunch together and take a walk?
That's a good idea.

「何かサジェスチョンは？」
「こうしましょう。
　いい音楽を聴くのはどう？」

Any suggestions?
Tell you what.
Why don't we listen to some good music?

「このパソコンは
　どうしたのかしら？」
「何が起こったのか、
　教えてあげます。
　プリンターが故障した
　みたいです」

What's the matter with this PC?
I'll tell you what happened.

The printer seems to be down.

98

相手を喜ばせる "感じのよい" フレーズ 30

Thank you very much.

どうも、ありがとうございます。

感謝の気持ちを表す "Thank you." は感謝の程度によって違いがあります。最上級は "Thank you so much." です。対応する返事も変わります。ここで、大体の目安を示します。時と場合により、"It's all right." /"My pleasure." など "Welcome." 以外を使うこともあります。

・Thank you の後には、for をつけて、何に対して感謝しているのかを説明します。
・「for ＋ 〜ing（動名詞）」は、your をつけませんが、「for ＋ 名詞」は your をつけます。
・相手の名前をつけたほうが親しみを増します。
　"Thank you, Rachel." とか "Thank you. Sato san." など。

		返事
どうも！	Thanks!	Okay.／Welcome.
ありがとう。	Thank you.	Welcome.
ありがとうございます。	Thank you very much.	You are welcome
どうも、ありがとうございます。	Thank you so much.	You are very welcome.

「どうも、ありがとうございます」　Thank you very much.
「どういたしまして」　　　　　　　It's quite all right.

「お世話になりました」　　　　　Thank you for your help.
「何でもありません」　　　　　　Not at all.

「ヘレン、おいでいただいて、どうも」　Thank you for coming, Helen.
「どういたしまして、原島さん」　　　 Welcome, Harashima san.

「時間をおとりいただき、どうも」　Thank you for your time.
「何でもありません」　　　　　　 It's nothing.

心をなごませる感じのよい英会話　99

相手を喜ばせる"感じのよい"フレーズ 31　　●TRACK 46

Thank you as always.
いつもお世話になります。

　日常会話やメールの決まり文句「お世話になっております」は、英語にはできません。

　そこで、"Thank you as always." と言ってみては、いかがでしょうか。

　これは、漠然とした相手に対する敬意を表す言葉ですが、相手から何かをしてもらって感謝の気持ちを表したいときは、"Thank you for your help." / "Thank you for your trouble." などを使います。

「山田さん、こんにちは」	Hi, Yamada san.
「いつもお世話になっております」	**Thank you as always.**
「お元気そうですね」	You look great, don't you?
「はい、まあまあです。お元気？」	Well, I'm so so. how are you?
「私も、まあまあです」	Me, too.
「もう行かなければ。お世話になりました」	Well, I have to go now. **Thanks for your help.**
「どういたしまして。いつでもどうぞ」	No problem. Anytime.
「これで、すべて解決だ。あとは幸運を祈ろう」	Now, everything is settled. Let's hope for the best.
「本当にお手数をおかけしました」	**Thank you very much for your trouble.**

相手を喜ばせる"感じのよい"フレーズ 32

Trust me!
おまかせください！

何かをしようとしたとき、「私にまかせてください」"Trust me!"と言えば、相手を安心させることができます。ほかには、**"Believe me!"(私を信じて!)** とか **"Count on me!"(私を頼りにして)** があります。

「銀座については、まかせて」	**Trust me**, when it comes to Ginza.
「では、銀座を案内してくれますか」	Well, could you show me around in Ginza?
「もちろん、いつでも、いいですよ」	Sure. Anytime.
「とにかく、まかせてください。何でも、君の言うとおりにするよ」	**You just trust me.** Whatever you say.
「すべてがうまくいくことは確かですか」	Are you sure everything will be all right？
「はい。おまかせください。問題解決の方法をよく知っています」	Yes. **Trust me.** I know exactly how to solve problems.

心をなごませる感じのよい英会話　101

| 相手を喜ばせる "感じのよい" フレーズ 33 | ● TRACK 47 |

Welcome!
ようこそ！

"Welcome." は、「歓迎」（名詞）、「歓迎する」（動詞）、「歓迎される」（形容詞）があり、TPOに応じて使い分けられ、とても応用範囲が広い言葉です。

「ご面倒をおかけして、ありがとう」	Thank you for your trouble.
「どういたしまして」	**You're very welcome.**
「おかえりなさい」	**Welcome home.**
「ただいま」	It's so good to be home.
「わが家へようこそ」	**Welcome to our family.**
「ありがとうございます」	Thank you.
「日本へようこそ。どうぞ、楽しくお過ごしください」	**Welcome to Japan.** I hope you'll have a good time here.
「ようこそ。どうぞ、お入りください」	**Welcome.** Please come in.
「どうも。すばらしいお宅ですね」	Thank you. What a nice place you have here.
「どうぞ、おくつろぎになって」	Please make yourself at home.

相手を喜ばせる"感じのよい"フレーズ 34

Well said!
うまい！

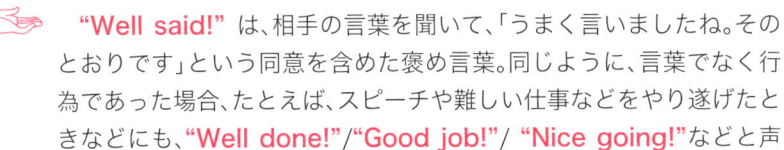

"Well said!" は、相手の言葉を聞いて、「うまく言いましたね。そのとおりです」という同意を含めた褒め言葉。同じように、言葉でなく行為であった場合、たとえば、スピーチや難しい仕事などをやり遂げたときなどにも、**"Well done!"**/**"Good job!"**/ **"Nice going!"** などと声をかけます。

「そのとおり！ ポイントをつかんでいます」	**Well said!** You made your point very well.
「そう言ってくれて、うれしいです」	I'm pleased to hear it.
「よくできた！ うまいスピーチだった」	**Well done!** It was a very good speech.
「ありがとう」	Thank you.
「ああ、やっと終わってよかった」	Well, I'm glad that's over.
「うまくいきました！よくやりました！」	**Nice going! You did a good job!**

相手を喜ばせる "感じのよい" フレーズ 35　　●TRACK 48

What a pity.
お気の毒に。

何か相手が、けがをしたとか、思わぬ事故にあったとか、災難に巻き込まれたとか、困ったことを聞いて、相手の気持ちを察し、慰める言葉。

「かわいそうに、お気の毒に」という意味。**"That's too bad."**（それは大変です）とも言います。

「昨夜、徹夜しました」　　　　　I stayed up all last night.
「それは、それは。今から、　　　**What a pity. Sleep well, from**
よく眠りなさい」　　　　　　　**now on.**

「花粉症の季節で、やられています」　It's hay fever, again. It's affecting me.
「お気の毒に。よくなるよう　　　**That's too bad.** I hope you'll
祈っています」　　　　　　　　get better.

「春子さんの犬が死んだらしいよ」　I heard Haruko's dog died.
「かわいそうに。　　　　　　　**What a pity.**
彼女はその犬が本当に　　　　　She really loved that dog.
好きだったわ」

花粉症は、最初にアメリカで発生したときに、hay (干し草) が原因だったことから、この名前がついたといわれます。別の名前は、pollen allergy です。

104

相手を喜ばせる "感じのよい" フレーズ 36

What a relief!
ホッとしました！

'気にかかること'や'悩んでいたこと'が解決して安心したときの表現。**"What a relief!"** のほか、**"I'm so relieved."** も使います。しかし、この relieve（発音はリリーヴ）は、日本語にはない r、l、v の音がつながっていて、ほとんどの人にはむずかしいので、**"What a relief!"** のほうが発音しやすいと思います。野球の試合で、ピッチャーが苦境になったとき、「リリーフする」と言いますが、同じ単語です。

「病院からいつ帰りましたか」	When did you get back from the hospital?
「昨日です。よくなりました」	Yesterday. I'm getting better.
「ホッとしました！」	**What a relief!**
「ギフトを気に入りましたか」	Do you like the gift?
「とても、気に入りました」	I like it very much.
「ホッとしました！」	**What a relief!**
「テストに合格して、とてもホッとしています」	I passed my test, so I'm very relieved about that.
「私もホッとしました」	**I'm relieved**, too.

心をなごませる感じのよい英会話 105

相手を喜ばせる"感じのよい"フレーズ **37**　　● TRACK 49

Whatever.
何でもかまいません。

"Whatever."は「何でもかまいません」と、相手の勧めることに同意するときの表現です。また、where、when、who に ever をつけると、「いつでもかまいません」「どこでもかまいません」「誰でもかまいません」となります。いずれも、疑問詞／関係代名詞を強めた単語です。

「明日、ランチでもいかが？朝、お電話します」	Should we have lunch tomorrow? I'll call you in the morning.
「おっしゃるとおりに」	**Whatever you say.**
「何時に迎えに行きましょうか」	What time should I pick you up?
「あら、いつでも、私はかまわないわ」	**Oh, whenever. I don't care.**
「何の映画を観ましょうか」	What movie should we see?
「感動させるものなら何でも」	**Whatever moves you.**
「バスにしますか、それとも歩きますか」	Should we take a bus, or walk?
「どちらでもけっこうです」	**Whatever you like.**
「何を召し上がりますか」	What should I get you?
「何でも。彼と同じものをお願いします」	**I'll have whatever he's having.**

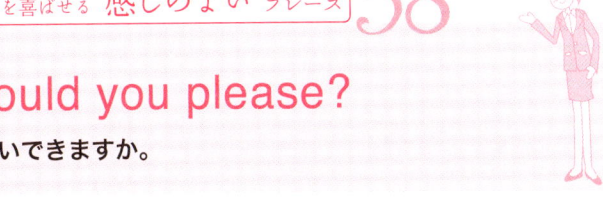

相手を喜ばせる "感じのよい" フレーズ 38

Would you please?
お願いできますか。

相手に何かを依頼するとき、最も使いやすいのが、**"Would you please?"** です。
この言葉だけで、あとは身振りや手振りだけで、相手はあなたの遠慮がちな気持ちを理解するでしょう。

「コートをお預かりいたします」 「お願いできますか」	Could I take your coat? **Would you please?**
「ホテルまで車でお送りいたしましょうか」 「それはご親切に。お願いできますか」	Should I drive you to the hotel? That's very kind of you. **Would you please?**
「こちらに立っていただけますか。写真を撮りますから」	Stand over here, **would you please?** I'll take a picture of you.

相手を喜ばせる "感じのよい" フレーズ **39**　　●TRACK 50

You amaze me.
さすがだね。

　「良い提案」/「すばらしい考え」/「信じられないような発明・行動」などを聞き、驚くと同時に賞讃と尊敬を込めて、褒める言葉。"You amaze me."は直訳すると、「あなたは私を驚嘆させる」→「さすがだね」となります。形容詞は amazing なので、同じように使われます。同意語は incredible。

「頼んだ仕事は、もうできたの？ こんなに短い時間で？ さすがだね！」	Have you done the work I asked? In such a short time? **You amaze me!**
「このサラダ、おいしいね！」 「毎日、作っているからね」 「さすがね」	This salad is delicious! I make it everyday. **You amaze me.**
「クラシック映画は大好きです。あなたは？」 「私も。オードリー・ヘプバーンとか」 「彼女はすばらしいですね」	I love classical films. Don't you? Me, too. Audrey Hepburn and.... **She's incredible.**

相手を喜ばせる "感じのよい" フレーズ 40

You look trim and slim.

ほっそりとスッキリ。

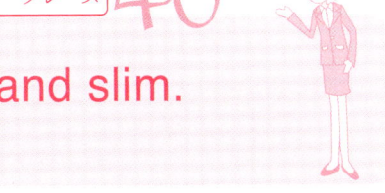

今は飽食の時代ですから、食事の量に注意を払わないと、どうしても体重が増えすぎになってしまいます。それでも、きちんとコントロールを利かせて、毎日を軽やかに過ごしている人もいます。"You look trim and slim."はそういう人に向けた'褒め言葉'です。なお、"slim and trim"も使われます。

「あの女性を見て。ほっそりとスッキリしてる」	Look at that lady. **She looks trim and slim.**
「そうだね。すばらしい。とてもいい」	She looks great. Very fit.
「毎朝、30分は散歩して、(体重を)5キロは減らそうとしているんだ」	I take a walk every morning for thirty minutes. So, I'll try to lose five kilos.
「体重を減らす必要はないけど、ほっそり、スッキリしてね」	You don't need to lose any weight, **but try to be slim and trim, please.**

第3章 場面別ショート会話

1. **あいさつの基本**
2. **男性の買い物**
3. **女性の買い物**
4. **エレベーターの中で**
5. **美容室で**
6. **理髪店で**
7. **まちさんぽ**
8. **ドライブする**
9. **バーで**
10. **レストランで**
11. **スポーツクラブで**
12. **体調を訴える**
13. **恋のかけひき**
14. **人を紹介する**
15. **プライベート電話**
16. **ビジネス電話**
17. **オフィスで**
18. **会社の受付で**
19. **友人との会話**
20. **飛行機の中で**
21. **ペット・ショップで**

"場面別"ショート会話 1

TRACK 51

あいさつの基本
GREETINGS BASICS

はじめて出会って

「私の友人をご紹介します。松本ゆみえさんです」	This is a friend of mine. Yumie Matsumoto.
「こんにちは、ゆみえです。よろしく、お願いします」	Hello, Yumie. Pleased to meet you.

「原島です、原島 一男です。よろしく、お願いします」	I'm Harashima, Kazuo Harashima. It's good to meet you.
「お噂はかねがね伺っています」	I've heard a lot about you.
「よい噂だといいんですが」	All good, I hope.

ばったり出会ったとき

「佐久間さん、お元気?」	How are you, Sakuma san?
「お元気でお過ごしですか」	Have you been well?
「お目にかかれてうれしいです」	It's wonderful to see you.

「風邪をひいています」	I have a bit of a cold.
「それはそれは。早くよくなるといいですね」	That's too bad. I hope you'll get well soon.

その後の様子を尋ねる

「お久しぶりです。お元気そうですね」	It's been a long time. You look well.
「いかがですか」	How have you been?

|「あなたの計画は進んでいますか」 | How are your plans going? |
|「そうですね。まあまあ順調です」 | Well, so far so good. |

天候のことを話す

「いい天気ですね」	Beautiful day, isn't it?
「とても暑いですね」	It's so hot, isn't it?
「風が強いです」	It's so windy.
「ひどい天気ですね」	It's terrible weather, isn't it?
「とても寒いです」	So cold today.
「雨はいやですね」	I don't like the rain.

別れの握手をしながら

|「いつも、お世話になって」 | Thank you as always. |
|「お会いできてよかったです」 | Good seeing you. |

「また、お目にかかります」	See you soon.
「また、お目にかかることを楽しみに」	I look forward to seeing you soon.
「よい一日を！」	Have a nice day!
「そちら様も」	Same to you.
「よい週末をお過ごしください」	Please have a good weekend.

「近々お電話ください」	Please call me soon.
「はい、そうします」	Yes. I'll call you.
「そのときまで、さようなら」	Until then. Good bye.

心をなごませる感じのよい英会話

「気をつけて」	Take care.
「そちら様も」	You, too.
「じゃ、また」	Bye for now.
「お体にお気をつけて」	Take care of yourself.

「がんばってね」	Good luck.
「お話しできてよかったです」	It's been good talking to you.
「ご家族によろしく」	Give my best to your family.

呼びかけ

「すみません」	Excuse me.
「おそれいります」	I beg your pardon.
「お時間はありますか」	Have you got a moment?

そのほか

「申し訳ないのですが」	If you'll excuse me ….
「喜んで」	My pleasure.
「こちらこそ、うれしかったです」	The pleasure was mine.
「どうぞ、お先に」	After you.
「ご自由に」	Help yourself.
「そちら様も」	Same to you.
「ごゆっくり」	Take your time.

男性の買い物
SHOPPING FOR MEN

「いらっしゃいませ。何か」	Can I help you?
「どうも。ただ見ているだけです」	No, thanks. I'm just looking around.
「どうぞ、ごゆっくり」	Take your time.

「すみません。紳士用品売り場を探しているのですが」	Excuse me, I'm looking for the men's department.
「はい、5階にあります。このエレベーターにお乗りください」	Yes, it's on the fifth floor. Please take this elevator.
「どうも」	Thank you.

「これが、お客様のサイズです。すぐにご試着になれます。	It is just your size. We'll have it for you to try on in a moment.
どうぞ、こちらの試着室へ」	Please use the fitting room.

「これが、私にピッタリ合うみたい。どう思いますか」	I think these clothes fit me well. What do you think?
「はい。少しお直しが必要かもしれませんが。	Well, yes. they might need some slight alterations.
ウエストの部分を少し詰めます。」	We'll have to take in the waist a bit.

「ベルトをされますと、違いはわかりませんけど」	But put a belt on and you'd never know the difference.
「直しはどれくらいの時間がかかるの？」	How long will the alterations take?
「一日です。明日のこの時間にはできます」	One day. It will be ready this time tomorrow.
「では、これをください。明日取りにきます」	Well, I'll take it. And I'll pick it up tomorrow.
「どうも、ありがとうございます」	Thank you very much.

「キャッシュですか、カードですか」	Cash or charge?
「カードで」	Charge.

・charge ＝ チャージする／カードで買う

「クレジットカードは使えますか」	Do you take credit cards?
「主なクレジットカードは使えます」	We take major credit cards.

「カードに問題があるようですが」	I'm afraid we have a problem with your credit card.
「私のカードで問題があったことはありません」	I've never had a problem with my card.

「キャッシュで払います」	I'll pay cash.
「キャッシュはいつでも歓迎です」	Cash is always welcome.

「ワイフへの贈り物を探しているんですが」	I'm looking for a present for my wife.
「何かご希望の品をお考えですか」	Is there something special you had in mind?
「ボールペンとかと思ったんだけど」	Well, I had considered a ball-point pen or something.

「これが到着したばかりです。新製品でスタイリッシュです。ボールペンとしては珍しいものです、書いた文字を消すことができます。きっと気に入られますよ」	This one has just arrived. New product. Very stylish. It's very unusual for a ball-point pen. You can erase the letters you've just written. I'm sure she'll like it.
「では、これにします」	All right, I'll take it.
「ありがとうございます」	Thank you very much.
「何か特別のものでもお探しですか」	Looking for anything in particular, sir?
「ええ、そのネックレスは、いくらですか」	Yes, that necklace there ... how much is it?
「2万4千円です」	It's 24,000 yen.
「消費税込みで?」	Including the consumption tax?
「いいえ、別に税金がかかります」	No, you will have to pay the tax.
「わかりました。ください」	All right. I'll take it.
「ギフト用にお包みしますか」	Would you like it gift-wrapped?
「きれいな箱に入れてね」	Just in a fancy box?
「かしこまりました」	Certainly.
「早くしてください。袋はいりませんから。ポケットに入れていきます」	Look, could we be quick? I don't need a bag. I can just put it in my pocket.

"場面別"ショート会話 3　TRACK 53

女性の買い物
SHOPPING FOR WOMEN

「口紅を探しています」　I'm looking for some lipstick.

「どの色をお望みですか。
　たくさんの種類がございます」

What color do you want?
We have several colors.

「オレンジかレッドを」　Well, I'd like an orange or a red.

「これは今、流行しております。
　おつけになってみますか」

This one is very fashionable now.
Would you like to try it?

「お願いします。
　私には、はですぎるようね」

Yes, please.
It seems too bright for me.

「いいえ、そんなことはござい
　ません。とてもお似合いです」

No, I don't think so.
It suits you perfectly.

「あの洗顔剤を見せてください」

Would you let me see that
cleansing lotion?

「これは到着したばかりです。
　お肌を、よりスムーズに、柔らかく、
　いきいきとさせます。
　お肌を活性化します」

This is a new arrival.
It makes the skin feel smoother,
softer, and fresher.
It revitalizes your skin.

「本当？ 買おうかしら」　Really? Well, I think I'll take it.

「ありがとうございます。
　7日以内にお使いください。
　涼しく乾燥した場所で保存して
　ください」

Thank you very much, ma'am.
Please use it within seven days.
And, please keep it in a cool
and dry place.

"場面別"ショート会話 4 🔴 TRACK 54

エレベーターの中で
ON THE ELEVATOR

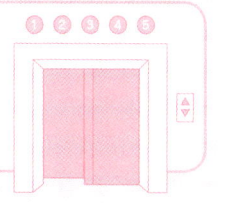

「こんにちは、どうですか」	Hi. What's up?
「別に、あなたはどう？」	Nothing much. How about you?
「同じです」	Nothing much, too.

「こんばんは」	Good evening.
「こんばんは。最近引っ越してきたのですか」	Good evening. Did you move in here, recently?
「いいえ、5年前から住んでいます」	No, I've lived here for five years.
「私もです」	So have I.
「本当？ お会いしませんでしたね」	Really? I haven't seen you before, have I?
「ええ」	No.

(「5年間も会わなかった」ので、No. ／「会った」場合は、Yes. となる)

「上の階に住んでいます」	I live upstairs.
「間取りは同じですか」	You have the same layout?
「ずっと狭いと思います」	I think mine is much smaller.

心をなごませる感じのよい英会話　119

"場面別"ショート会話 5　● TRACK 55

美容室で
AT THE HAIRDRESSER

「新しい髪型がお好みですか」 — Would you like a new hairstyle?

「はい、好きです。最新のがいいわ、でも、私の髪は痛みやすいの」 — Yes, I would. The latest one. But I have brittle hair.

「髪をどのようにいたしましょうか。アップにしますか」 — How would you like it done? Would you like to wear your hair up?

「じゃシャンプーとセットをお願い」 — A shampoo and set, please.

「カットもいたしますか」 — Would you like it cut, too?

「カットは必要かしら。いらないわ。でも、マニキュアを」 — Do I need a cut? I don't think so. But I'd like a manicure.

「かしこまりました」 — All right.

"場面別"ショート会話 6 　●TRACK 56

理髪店で
AT THE BARBERSHOP

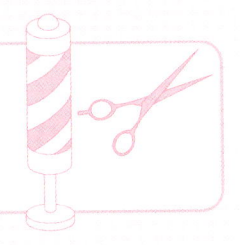

「調髪はヘアカット、シャンプー、ひげ剃り、ヘアブローのコースです。今日はどのようにしますか」	Styling includes the cut, shampoo, shave, blow and dry. What will it be today?
「少しだけ切ってください」	Just a trim, please.
「カールした髪をお持ちですね」	You seem to have curly hair, don't you?
「前は真っすぐな髪だったけど」	Well, I used to have straight hair, you know.
「バリカンを使ってもよろしいでしょうか」	Could I use hair clippers?
「ええ、どうぞお願いします。前髪を短くしてくれる？でも、船員カットのようには短くしないで」	Sure, go ahead. Would you cut it short in the front? But not as short as a crew cut, please.
「わかりました。もみあげの長さは、いかがいたしましょうか」	Got it. How long would you like your sideburns?
「これくらいで。耳の下と首回りを切って」	This long. And cut above the ears and collar.
「はい、それからひげ剃りは？」	Well, how about a shave?
「お願いします」	Yes, thanks.

心をなごませる感じのよい英会話　121

"場面別"ショート会話 7　TRACK 57

まちさんぽ
EXPLORING THE STREETS

「デンマークから来ました」 — We're from Denmark.

「そうですか。東京ははじめてですか」 — Are you? Is this your first visit to Tokyo?

「はい」 — Yes, it is.

「お気に入られるといいですが」 — I hope you'll like it.

「もう、とても気に入っています。食べ物がおいしくて、人々は親切ですし」 — I already love this city. Wonderful food and friendly people.

「すみません。東京タワーは、どこか教えていただけませんか」 — Excuse me, but could you tell me where Tokyo Tower is?

「まっすぐ行って、信号を左に曲がると、左側にあります。ほら、ここから見えるでしょう」 — Just go straight and turn left at the traffic signal. Then, you'll find it on your left. You can see it from here.

「ええ、見えます」 — Yes, I see it.

「スーパーを探しているんです。この辺にあるスーパーです」 — I'm looking for a supermarket. A supermarket out here in this neighborhood.

「私もそこへ行くところです。ご案内しますよ」 — Well, I'm just about to go there. I'll show you the way.

「それは、ご親切に」 — Oh, that's very kind of you.

「さあ、着きましたよ。その角が入り口です」 — Now, here you are. The entrance is just around the corner.

「どうもありがとう。助かりました」	Thank you for your help.
「どういたしまして、楽しんでください！」	You're welcome. Have a good time!
「さよなら」	Bye.

「恐れ入りますが、道を教えていただけますか」	Excuse me. But could you give me directions?
「ええ、どこへ行きたいのですか」	Yes, where do you want to go?
「東京駅です」	Tokyo Station.
「この道をまっすぐ行って、100m先の左側です」	Just go straight for a hundred meters, Then, you'll see it on your left.
「この道をまっすぐ行ったところ？」	Just go straight ahead?
「そうです。左側です」	Yes. On your left.
「どうも、ありがとう」	Thank you.
「どういたしまして」	You're welcome.

「秋葉原へ行きたいのですが」	I want to go to Akihabara.
「そこは、ここから遠いです」	It's a long way off.
「どれくらい遠いのですか」	How far is it?
「そうですね。歩くと30分ほどです。バスにしますか、それとも歩きますか」	Well, thirty minutes on foot. Will you take the bus, or walk?
「どちらでも、あなたの言うとおりに」	Whatever you recommend.
「バスにするといいですよ。やさしいです。たった4つ目の停留所ですから」	Take the bus, please. It's easy. Only four stops from here.
「では、そうします」	Okay, I'll do that.
「バスが来ましたよ」	Here comes the bus.

心をなごませる感じのよい英会話

「この近くにトイレはありますか」	Is there a restroom near here.
「あそこに公衆トイレがあります」	There is a public restroom there.
「どうもありがとう」	Thank you.

駅のホームで

「すみません、有楽町で降りたいのですが」	Sorry. I want to get off at Yurakucho?
「この電車で4つ目の駅です。	Take this train. Four stops from here.
東京(駅)の次、新橋の手前です」	It's the one after Tokyo and before Shinbashi.

駅の入り口で

「次の熱海行きの列車は何時ですか」	What time is the next train for Atami?
「11時25分です」	At eleven twenty-five (11:25).
「急げば、それに乗れますね」	Can we catch it if we hurry?
「乗れます。時間は十分あります」	You can. There's still time.
「それはよかった。何番線ですか?」	That's good. And which platform does the train leave from?
「2番線です。時刻表をどうぞ」	Platform Two. Here's a timetable.
「お弁当を買う時間はありますか」	Is there enough time to buy obento?
「あります。でも、急いでください」	I think there is. But please hurry.

"場面別"ショート会話 8

GOING FOR A DRIVE

ドライブする

「そこに、ぼくの車があるけど、どこまでか送ろうか」	Well, my car's over there. Can I give you a lift somewhere?
「本当？では、近くの駅まで」	Really? Well, to the nearest subway station.
「いいえ、あなたの家へ送るよ」	No, I'll drive you home.

「大丈夫？ 狭くない？ シートを前にずらして、もっと広くするよ」	Are you all right? Maybe, it's too tight for you. Shall I slide my seat forward to give you some more room?
「かまわないわ。斜めに座るから」	No. I'm all right. I'll sit sideways.

・sideway = 横の／横向きに

「スポーツカーを運転したことはある？」	Have you ever driven a sports car?
「いいえ、オープンカーならあるけど」	No, but I drove a convertible once.
「では、ぼくが運転するよ。準備はいい？」	I think, I'll drive. All set?
「はい、どこへ行くの？」	Yes. Where to?
「海のほうへ」	To the sea.

「さあ、どこへ行きたい？」	Where do you want to go?
「どこでも、あなたのお好きなところへ」	Wherever you like.
「そうだな。箱根にしようか。	Well, how about Hakone?

木はたくさんあるし、 今なら、桜も咲いているし」	There are a lot of cherry trees in bloom right now.
「お花見ができるわ。 楽しみね！ でも、時間はどれくらいかかるの？」	Cherry blossom-viewing, too. I can't wait! But how long does it take?
「そうだな、1時間ぐらいかな」	Well, one hour or so.

「運転がうまいですね」	You are a good driver, aren't you?
「大したことはありません。 なぜ、そう言うんですか」	Just average, I think. Why do you say so?
「なぜかって、あなたはとても注意深いから。乗っていると、とても安全な気がします」	Because you are very attentive. I feel very safe in your car.

"場面別"ショート会話 9
TRACK 59

バーで
AT A BAR

「あなたは、どんなときに飲みますか」	On what occasions do you drink?
「うれしいときに。悲しいときに。そのほかのあらゆるときに」	When I am happy. When I'm sad. Any other occasions.
「さて、何を飲みますか」	Now, what would you like to drink?
「シャンパンをお願いします」	Champagne, please.
「ランチにシャンパンを？」	Champagne for lunch?
「特別のときだけ。今日は私の誕生日です」	Only on special occasions. Today is my birthday.
「光子さん、こんにちは。いいところで会ったね。何を飲んでいるの？」	Hi, Mitsuko. Nice to see you! What are you drinking?
「スコッチの水割り」	Scotch with water.
「すみません。スコッチの水割りをもう一つ。乾杯！あなたの健康のために」	Excuse me. Another Scotch with water, please. Cheers! Here's to your health.
「乾杯！あなたのために」	Cheers! To you.

心をなごませる感じのよい英会話 127

「何をさしあげますか」	What can I get for you?
「お嬢さんにシャンペンを」	Champagne for the lady.
「カンパリ・ソーダを」	Campari and soda, please.
「サミュエル・アダムスのビール」	I'll have a Samuel Adams Beer.

「おつまみです。ご自由にお取りください」	Here are some snacks. Help yourself.
「どうも」	Thanks.

「どんな味がお好みで？」	How would you like your drinks?
「ドライの感じで」	Please make mine dry.

「いかがですか」	How do you like your drink?
「私には強すぎます」	It's too strong for me.
「では別のを作ります」	Well, I'll fix you another drink.
「甘口でお願いします」	I prefer mine sweet.

「お代わりはいかがですか」	Would you like another helping?
「お願いします」	Yes, please.

隣の人に

「何を飲んでいるのですか」	What are you drinking?
「ダイキリです」	A Daiquiri.
「同じものをください」	The same for me.

「もう一杯いかがですか」	Would you like another drink?
「もうこれ以上いただけません。少しほろ酔い気分です」	I really shouldn't have any more. I'm a little tipsy already.
「飲みたいな」	I need a drink.
「ブランディがありますよ」	How about a brandy?

「はい、水と一緒に。氷なしで？」	Okay. With water. No ice?
「半々で」	Half and half.

「モヒートをもらえますか」	May I have a mojito?
「どうぞ」	Here you are.
「一杯いかがですか」	Would you care for one?
「いりません。飲みたくない夜もあります」	No, thank you. Some nights a person doesn't need to drink.

「では、最後の一杯を。何にしますか」	Well then, one for the road. What'll it be?
「ピナ・コラーダをいただけますか」	A Piña Colada, please.

"場面別"ショート会話 10

レストランで
AT A RESTAURANT

「今夜8時に5人のテーブルを予約します」
I'd like to reserve a table for five at eight this evening.

「喫煙席ですか、禁煙席ですか」
Smoking or non-smoking?

「禁煙席を」
Non-smoking, please.

「はい、ご用意できます。お名前をどうぞ」
Yes, sir. A table is available. Your name and number, please?

「佐藤です。佐藤一郎です。電話は03-0000-3333です」
I'm Sato. Ichiro Sato. My number is 03-0000-3333.

「いらっしゃいませ！」
Hello!

「佐藤です。佐藤一郎です」
Sato, Ichiro Sato.

「佐藤様、ようこそ。こちらへどうぞ」
Welcome, Mr Sato. This way, please.

「このテーブルでよろしいですか」
Is this table all right?

「けっこうです」
Fine, thanks.

「何を召し上がりますか」
What would you like?

「今日の特別料理は何ですか。お勧めはありますか」
What are the specials today? Do you recommend anything?

「とてもよいほたて貝が入っています。We have very good scallops.

「蒸しても、煮ても、 　焼いても、食べられます」	You can have them either steamed, braised, or baked.
「ナマでも食べられますか」	Can we eat them raw?
「もちろんです」	Of course.

「海老にします」	I'll have the shrimp.
「あなたは？」	And you?
「同じものをお願いします」	The same for me, please.

「私はステーキにします」	I'll have a steak.
「焼き方はいかがいたしますか」	How would like your steak?
「ミディアムで」	Medium, please.
「あなたは？」	And you?
「ぼくは最初にチキンフライを。 　それから、野菜の盛り合わせを」	I'll start with the fried chicken, please. Then, I'll have the vegetable platter.

「サラダを別にいただけますか」	I'd like a salad on the side.
「ドレッシングは？ 　フレンチ、イタリア、和風で？」	What dressing? French, Italian, or Japanese.
「フレンチにします」	I'd like French, please.

「デザートとコーヒーは 　ついていますか」	Do dessert and coffee come with it?
「全部ついております」	Yes, it's all included.

「お料理をどうぞ」	Here you are.
「おいしそう。いただきます。 　これは何ですか」	Looks delicious. Thank you. What's this?

「えびと野菜です。お楽しみください！」	Prawns with vegetables. Enjoy!

「お勘定をお願いします」	Could I have the check?
「佐藤様、ありがとうございます。こちらです」	Thank you, Mr Sato. Here you are.
「サービス料は込みですか」	Is service included?
「含まれております」	Yes, it's all included.

「ごちそうさま」	That was wonderful.
「どれもおいしかったです」	Every dish was delicious.
「期待以上でした」	Even better than we had expected.
「おなかがいっぱいです」	I'm so full.

"場面別"ショート会話 11 ● TRACK 61

スポーツクラブで
AT THE SPORTS CLUB

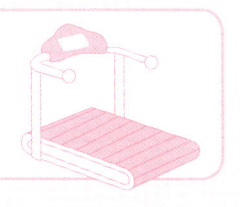

「田中さん、こんにちは」 Good afternoon, Tanaka san.
「お久しぶりです」 Oh, it's been a long time.
「少しもお変わりになっていませんね」 You haven't changed a bit, have you?
「どうして、ここにおられるのですか」 What brings you here?
「太りすぎてしまって、体重を減らそうというわけです」 Well, I wanted to lose weight. I'm becoming too fat.

「ここには1週間に2度来ています」 I come here twice a week.
「そんな必要はありません。スリムでスッキリしておられます」 Well, you don't have to. You're just slim and fit.
「体重が10キロ減りました」 I've cut my weight by 10 kilos.
「とにかく、がんばって」 Good luck, anyway.
「どうも。あなたもね」 Thanks. You, too.

"場面別"ショート会話 12

体調を訴える
PHYSICAL CONDITION

「最近、ストレスを感じています」 I've been a little tense lately.

「どんなストレスですか。
疲れを感じるとか？」 What have you been tense about? Do you feel tired?

「ええ、体全体に力がありません」 Yes, my whole body feels tired.

「それは、誰にもよくあることです。
夜はよくお眠りになって、
軽い運動をするといいです」 That happens to everybody. Get a good night's sleep and do some light exercise.

「どんな運動を？」 Like what?

「そうですね。

毎朝30分の散歩でも」 Well, take a walk every morning. About thirty minutes.

「血圧が少し高いですが、
ご心配には及びません。
心臓は良好です」 Your blood pressure is up a little. But it's nothing to worry about. And your heart sounds pretty good.

「それを聞いて安心しました」 I'm certainly glad to hear that.

「健康を保つよい方法は？」 How do you stay healthy?

「正しい食事。
そして、程よい運動。
それに、十分な休息。
それだけです」 Eat properly. Get the right amount of exercise. Then, get sufficient rest. That's all.

「めまいがひどくなってきました」	The dizziness is getting worse.
「1日3回、食後にこの薬を一つ飲んでください」	Take one tablet three times a day, after meals.
「ありがとうございます」	Thank you very much.
「早くよくなってください」	I hope you'll get well soon.

「ひどい風邪をひきました。	I have a terrible cold.
夜中ずっと、せきが出ていました。	I have been coughing all night.
熱もあります。	I have a temperature.
うつるかもしれません」	And I think I'm contagious.

「どうしたのですか」	What happened?
「転びました」	I just fell down.
「おけがはありませんか。	Did you hurt yourself?
ああ、その脚、血が出ていますよ。	Oh, your leg. It's bleeding.
痛いでしょう」	You must be in pain.
「全然、痛くありません。	No pain at all. I didn't feel it.
ほんのかすり傷です」	Just a scratch.

「痛かったですか」	Did it hurt you?
「いや、大丈夫です」	No, it didn't. I'm all right.

「どこがお悪いのですか」	What is your trouble?
「ここが痛みます。	I have a pain here.
脇腹が痛いです」	My side hurts.
「仰向けに寝てください。	Lie on your back.
痛みますか。いつからですか」	Are you in pain? Since when?
「昨日からです」	Since yesterday.

恋のかけひき
LOVE AFFAIRS HERE AND THERE

「会いたいんだ、サチ。今夜はどう？」	I want to see you, Sachi. How about tonight?
「今夜はダメなの」	I'm sorry, not tonight.

「ぼくたちは別れるべきだと思う」	I think we should break up.
「何ですって？」	What?
「いろいろ考えたけれど、それが正しい解決だと思う」	Well, I've been thinking about it, and I think it's the right thing to do.
「別れるって？なぜ、そんなことが言えるの？プロポーズしてくれると思ってたのに！言い訳なんか、聞きたくないわ」	You're breaking up with me? How can you say that? I thought you were proposing! I don't want to hear any excuses.

・break up = 解消、壊れる状態、男女の別れ、ビジネスの失敗など

「ボーイフレンドはいるの？」	Do you have a boyfriend?
「いいえ、まあ、いないわ」	No, not really.
「誰かとつき合っているの？」	Are you seeing anyone?
「片思いだから」	No …, an unrequited love, you know.
「片思いか」	One sided, hum.
「報われない愛よね」	The love that is never returned.

「ただの男友だちよ。ボーイフレンドではないわ。でも彼と一緒にいるとすばらしいの」	He's just a male friend, not a boy friend. But, being with him is wonderful.

「一緒に出掛けない？」	Why don't we go out together?
「来週にでもね」	Maybe next week.
「では、来週ぼくのために空けておいて」	Keep your schedule free for me next week.
「そうするわ」	I sure will.

「こうしよう、カヨ。ぼくが、街を案内するよ。それで、たくさん食べて、いいワインを飲んで、ぶらつくんだ」	I'll tell you what, Kayo. I'll show you around the city, and then we'll eat well. We'll drink good wine. We'll take a walk.
「それから？」	And, then?
「さあ、君次第」	Well, it's up to you.
「私次第？ どうしようかしら」	Up to me? What should I do?
「よく考えてね」	Think very carefully, please.
「どうしたらいいか、わからないわ」	I just don't know what I should do.

「彼と食事しようとは思わないの。彼と出掛けたくないの」	I don't think I'm going to have dinner with him. I don't want to go out with him.
「どうして？」	Why not?
「あなたのそばにいたいの」	I want to be near you.
「信じられない」	I don't believe it!

心をなごませる感じのよい英会話

"場面別"ショート会話 14
● TRACK 64

人を紹介する
INTRODUCING SOMEONE

「友人の山田さんをご紹介します。こちらは山田さん」	May I introduce a friend of mine? This is Mr Yamada.
「原島、原島一男です。山田さん、よろしく、お願いします」	I'm Harashima, Kazuo Harashima. Pleased to meet you. Yamada san.
「こちらこそ、よろしく、お願いします」	It's nice to meet you, too.
「銀行にお勤めと聞きました」	I hear you work for a bank.
「はい、そうです」	Yes, I do.
「どんなお仕事ですか」	What kind of work do you do?
「PRです」	Public relations.

「紹介してくれない？」	Anyone going to introduce me?
「ピーター、こちらは宮田一男さんです」	Peter. This is Kazuo Miyata.
「ジョンソン、ピーター・ジョンソンです」	I'm Johnson, Peter Johnson.
「彼はノンフィクションライターです」	He's a non fiction writer.

「コーベット、マイク・コーベットです」	Corbett. Mike Corbett.
「よろしく、お願いします。お仕事は何ですか」	Pleased to meet you. What is your work?
「販売業です」	I'm in the selling game.
「本当？ 面白そうですね。何を売っているんですか」	Really? How interesting. What do you sell?
「文房具とか、そのようなものを」	Stationary. Stuff like that.

「彼女は関西の京都の出身です」	She comes from Kyoto in western Japan.
「上田さんは会社の同僚です」	Ueda san is one of my work colleagues.

「ものを書くのが趣味です」	He is interested in writing.
「どんなものを書くのですか」	Oh, what do you write?
「そうですね。何でも」	Well, whatever.
「たとえば、最近のライフスタイルとか？」	For example, the current life-styles?
「恋愛小説とかです」	Mostly love stories.

「神谷さんはテレビのプロデューサーです。音楽番組の専門です」	Kamiya san is a TV producer. He specializes in music programs.
「ブリジットは出版の仕事をしています」	Bridget works in publishing.

"場面別"ショート会話 15　● TRACK 65

プライベート電話
PRIVATE PHONE CALLS

「どちら様でしょうか。すみません、番号違いです」	Who's calling, please? Sorry. I think you have the wrong number.
「すみません、よく聞こえないのですけど、何ておっしゃいましたか」	I'm sorry, but I didn't quite catch that. What did you say?
「もしもしヨシオです。お元気ですか」	Hello, it's Yoshio. How are you?
「どうも、元気です。あなたは？」	I'm well, thank you. How are you?
「元気よ。今、お話ししていいですか」	I'm fine, too. Can you talk now?
「すみませんが、今、お話しできません。後でお電話してもいいですか」	I'm sorry. I can't talk just now. Could I give you a call later?
「武田一夫さんの友人です。お願いがあってお電話しました。今、2〜3分お話ししてもよろしいでしょうか」	I'm a friend of Mr Kazuo Takeda. I'm calling you because I want to ask you something. Could I take just two or three minutes of your time?
「かまいません。何でしょうか」	All right. Go ahead. What is it?
「いろいろお世話になります。お話しできてよかったです」	Well, Thank you for everything. It was good talking to you.
「お電話をありがとう。	Thank you for calling.

「さようなら」	Good bye.

「ごめんなさい。こんなに早く電話して」	I'm sorry to call so early.
「かまわないけど、どうしたの？」	It's all right. What happened?
「風邪をひいてしまったの。それで、今日会うことができなくなって」	Well, I've caught a cold. So, I'm afraid, I can't come to see you today.
「それは大変。ゆっくり休んで、よくなって」	That's too bad. Have a good rest and get better.
「本当にすみません。なるべく早くもう一度ご連絡します」	I'm very sorry. I'll contact you again as soon as possible.

「もしもし、ヒロミ！あなたの声が聞けてうれしい！どこにいるの？」	Hello, Hiromi! How lovely to hear your voice. Where are you?
「お宅の近くにいるのよ。あなたを思い出したの」	I just am near your house. I'm thinking of you.
「そうなの。家へ来て、ランチにつき合わない？」	Yes. Why don't you come to my house, and have lunch with us?

「もう一度、お電話をいただけませんか」	Would you mind calling me again?
「わかりました。いつお電話しましょうか」	All right. When should I call you?
「明日の朝では？」	Tomorrow morning?
「はい、では朝9時にお電話します」	All right. I'll call you at nine.

「月曜日にお暇はありますか」	Are you free on Monday?

心をなごませる感じのよい英会話 **141**

「はい、あります」	Yes, I am.
「銀座でお会いできればと思って」	I was wondering if we could get together in Ginza.
「うれしいわ」	I'd love to.
「では6時にいつもの場所でどう？」	Well, how about six, the same place?
「楽しみにしているわ」	Look forward to seeing you.

「遠藤さんですか。原島です。先週お会いしました、覚えていますか」	Hello, is this Ms Endo? It's Harashima. We met last week. Remember?
「あら、原島さん、お元気ですか」	Oh, how are you, Harashima san?
「ちょっと疲れています」	Well, I'm a little tired.
「でも、お元気そうな声で」	But you sound very good.
「そうですか？ ところで、月曜日にお時間はありませんか」	Do I? Well, Are you free on Monday evening?

「金曜日につき合わない？」	Would you like to join me on Friday?
「ごめんなさい。計画があるの。でも来週なら時間があるわ。火曜を除いて」	I'm sorry. I already have plans. But I think I'll have time next week. I'll be free any day except Tuesday.
「そう。じゃ月曜に会おうよ。早いほどいい」	Then, Let's get together on Monday. The sooner the better.
「いいわ。何時にどこで？」	All right. What time and where?
「いつもの喫茶店でどう？」	How about seven at the usual tea room?
「OK、では、そのときに」	Okay, see you then. Thank you.

「もしもし、今、話せますか」	Hello. Can you talk now?
「すみません、お話しできません。ちょうど電車の中なので。5分たったら、ご連絡いたします」	I'm sorry. I can't. Because I'm on the train right now. I'll get back to you in five minutes.

"場面別"ショート会話 16　BUSINESS CALLS

ビジネス電話

電話を受ける

「おはようございます。
A&Aオフィスの伊藤一男です」
Good morning, A&A Office.
This is Kazuo Ito speaking.

「ジョーズさんをお願いします」
Could I speak with Mr Jones?

「しばらく、お持ちください」
One moment, please.

注文を受ける

「ABC商店の木村一郎で
ございます」
ABC Store. This is Ichiro
Kimura speaking.

「もしもし、原島ですけど、
いつも注文しているワインの
在庫を調べていただけますか」
Hello, this is Harashima.
Do you have any of the wine
I usually order – in stock?

「ちょっとお待ちください。
もしもし、今のところ3箱の
在庫がございます」
Hold on, please.
Hello, we have three boxes in
stock now.

「では、事務所へ2箱送って
くれますか」
Okay, would you send two
boxes to our office?

「はい。すぐに手配いたします。
お電話をありがとうございました」
All right, I'll make the
arrangements right now.
Thank you for calling.

先方と約束のアポをとる

「松木さんですか。
ジョン・ケントです。
ご相談したいご提案があります」
Ms Matsuki?
This is John Kent.
I have a proposal that I'd like
to discuss with you.

「ケントさん、どんなご提案ですか」	Yes, Mr Kent, what kind of proposal do you have?
「電話ではなく、お会いしたいのですが」	Not over the phone. I'd like to see you.
「では、明日事務所でお待ちします」	Well, I'll be waiting for you at my office tomorrow.
「何時に伺いましょうか」	What time should I come?
「3時ではいかがですか」	How about at three?
「けっこうです。では、その時間に伺います」	That's fine. I'll come then.
「ありがとうございました。失礼します」	Thank you. Good bye.

メールしてもらうよう頼む

「武田孝です。PR部の石川純と仕事をしております」	This is Takashi Takeda. I work with Jun Ishikawa in Public Relations.
「武田さん、どのようなご用件ですか」	Mr Takeda. How can I help you?
「ご相談したいご提案がありますので、概要をメールでお知らせします」	I have a proposal that I would like to discuss. So, I'll email you an outline of the proposal.
「では、メールをお待ちいたします。お電話をありがとうございました」	All right, I'm waiting for your email. Thank you for your call.

伝言を受ける

「すみませんが、ただいま席を外しております」	Sorry. He is out of the office now.
「いつお戻りになりますか」	When do you expect him back?
「そうですね. 10時ごろには戻ります」	Well... At around ten.
「では、彼に03-1234-0000 へ電話くださるようお願いします。私は加藤です。加藤サホです」	Please have him call me at 03-1234-0000. I'm Kato, Saho Kato.
「加藤様, もう一度お電話番号をどうぞ」	Ms Kato, your number again.
「03-1234-0000です」	Yes, 03-1234-0000.
「どうもお電話をありがとうございました。失礼いたします」	Thank you for calling. Bye.

伝言を受ける

「PR部の石川純さんをお願いします」	I'd like to speak with Mr Jun Ishikawa in Public Relations.
「すみませんが、石川は外出しております」	I'm sorry. He's out of the office right now.
「では、お帰りになったら、本田一郎へ連絡くださるようお伝えください」	Well, when he comes back, would you have him contact Ichiro Honda?
「はい、本田様、石川に伝えます」	Yes, Mr Honda, I'll tell Mr Ishikawa.
「よろしく、どうぞ」	Thank you. Bye.

伝言を受ける

「こんにちは、A&Aオフィスです」	Good afternoon, A&A Office.
「木村さんをお願いします」	I'd like to speak with Ms Kimura.
「どちら様でしょうか」	May I ask who's calling?
「サクラ商事のフレッド・ブラウンです」	I'm Fred Brown, Sakura Trading.
「すみません、席を外しておりますが。アシスタントの者に代わりますか」	I'm sorry, but she's stepped away from her desk. Would you like to talk to her assistant?
「いいえ、フレッド・ブラウンから電話があったとお伝えください」	No, just tell her that Fred Brown called.
「ブラウン様、そうお伝えいたします。失礼いたしました」	All right, Mr Brown. Thank you. Good bye.

伝言を受ける

「もしもし、ABC雑誌出版の大沢孝です。田中さんをお願いします」	Hello.., this is Takashi Ohsawa from ABC magazine. Could I speak with Mr Tanaka?
「すみません。席を外しています。ご伝言をどうぞ」	I'm sorry, but he's stepped away from his desk. Could I take a message?
「大沢孝から電話があったとお伝えください」	Well, just tell him Takashi Ohsawa called?
「はい、そうお伝えいたします」	Yes, I will tell him you called.

心をなごませる感じのよい英会話

はじめての相手に電話する

「クラークさんですか、
原島一男と申します。
サクラ商事から電話しております。
お名前をフレッド・ブラウン
さんから伺いました」

Hello, Mr Clark,
my name is Kazuo Harashima.
I'm calling from Sakura Trading.
I got your name from
Mr Fred Brown.

留守電へ録音する

「営業時間は午前9時から
午後6時です。
この時間内にお電話を
お待ちしております」

Our business hours are from
nine am to six pm.
We have an after hours
answering service.

留守電へ伝言を残す

「もしもし、フジ出版の
マイケル・ハドソンですが、
中山さんにお電話しています。
私の電話番号は555-0000です。
マイケル・ハドソンです。よろしく」

Hello, this is Michael Hudson
from Fuji Publication,
I'm calling for Mr Nakayama.
I'll leave my number. It's 555-0000.
And my name is Michael Hudson. Thank you.

予備

「その件については、
本社へご連絡ください。
電話番号は03-5555-0000です。
よろしく」

About that matter, could you
contact our main office?
The number is 03-5555-0000.
Thank you.

「ご迷惑をお掛けします。
日本語の話せる人はおられませんか」

I'm sorry for the trouble.
But is there anyone there who
speaks Japanese?

"場面別"ショート会話 17 ● TRACK 67

オフィスで
AT THE OFFICE

「この仕事を今週中に仕上げられますか」	Could you have this job done this week?
「急なお話ですが、どうにかできます」	I'm afraid it is so sudden, but I'll manage.
「あなたには必要な能力がおありだから」	You have the necessary expertise to do the job.

「明日、ニューヨークへ行きます」	I'm going to New York tomorrow.
「ああ、出張ですね。ニューヨークには何日滞在しますか」	Oh, a business trip, then. How long are you staying in New York?
「5日間です。主な目的は顧客訪問です」	Five days. The main goal of the trip is to visit our clients.
「どうぞ、よい旅を！」	Well, have a good trip!
「ありがとう」	Thanks. I will.

「昨日、お会いしたかったのです。夕方にご連絡したのですが」	I wanted to see you yesterday. I tried to contact you late in the afternoon.
「すみません。とても忙しくて、私は一日中飛び回っていました」	Sorry. I was very busy. I've been runing around all day.

「来週の予定はどうなっていますか」	What's your schedule next week?
「私の予定ですか、	My schedule?

「フレキシブルです」	It's flexible.
「いつでもいい、というわけですか」	You mean ... anytime?
「はい。今のところ」	Yes. As of now.
「それでは、月曜の3時は？」	Well, how about three o'clock on Monday?
「けっこうです」	Okay. Fine.

「最新の動きをお知らせください」	Could you update us on how things are going?
「社長が最新情報を報告しました。売り上げは極めて好調とのことです。輸出も円安のおかげで順調です」	The president has updated us about the situation. He says sales are quite good. Exports are also good, thanks to the low yen.

「進み具合の情報をお知らせください」	Please keep us updated on the situation.
「これが新しい設備の最新価格です」	Here's an updated price for the new equipment.
「予算どおりに推移しています」	Things are going according to the projected budget.

「次のステップ（行動）は何ですか」	What's our next step?
「次のステップは契約にサインすることです」	The next step is to sign the contract.

会社でアイデアの提案を求めるとき

「なんでもインプットしてください。あなたのアイデアを歓迎します」	I want your input. I welcome your ideas.
「そうですか。提案があります」	Yes. Here's a proposal.

"場面別"ショート会話 18

会社の受付で
AT THE RECEPTION DESK

「いらっしゃいませ」	May I help you, sir?
「お願いします。営業部の佐藤さんに」	Yes, please. I'd like to see Mr Sato in the Sales Department.
「お約束ですか」	Did you have an appointment, sir?
「ええ、3時にお会いすることになっています」	Yes, he expects me at three.
「お名前をお願いします」	Your name, please?
「ブラウン、ジョージ・ブラウンです」	Brown ..., George Brown.
「ブラウン様、少々、お待ちください」	Mr Brown. One moment, please.

「田中はあいにく外出中です。4時ごろには帰る予定ですが。代りの者をお呼びいたしましょうか」	I'm afraid Mr Tanaka is out of the office now. He is supposed to be back at about four. Should I call some one else, instead?
「いいえ、それには及びません」	No, no. It's not necessary.
「よろしければ、ご伝言をどうぞ」	Would your like to leave him a message, then?
「私が来たとお伝えください」	Well, just tell him that I came to see him.
「お伝えいたします、スミスさま」	I'll tell him, Mr Smith.

心をなごませる感じのよい英会話

「英語のできる者を
　呼んでまいります」

「いいえ、かまいません。
　日本語を少し話せますから」

「そうですか。私も英語を
　少し話せます」

I'll call an English-speaking person.

Oh, that's all right.
I speak Japanese a little.

Really? I speak English a little, too.

"場面別"ショート会話 19

友人との会話
CONVERSATIONS WITH FRIENDS

「弘枝さん、こんにちは　　　　　　Hello, Hiroe san.
おじゃまでしょうか」　　　　　　 I hope I'm not bothering you.

「いいえ、どうぞ」　　　　　　　　No, no....Come in.

「電話すればよかったのですが。　　I would've phoned. You busy?
お忙しい？」

「用はあとで済ませます。　　　　　No, I can finish later.
こんなに散らかっているところ　　Please excuse all the mess.
へすみません」

「お宅がどんなところか　　　　　 I just wanted to see what your
知りたくて、見にきました」　　　 house looked like.

「残念ながら、それほどごらんに　　Well, there's not much to see.
なるものはありません」

「その絵はどこで手に入れまし　　　Where did you get that
た？」　　　　　　　　　　　　　picture?

「イタリアのミラノで買いました」　I bought it In Milan, Italy.

「あなたはインテリアのご趣味が　　You've got taste in interior
いいですね。自分の部屋の参考　　 design. Very helpful for my
にします」　　　　　　　　　　　room decoration.

「ハワイに行くことにした」　　　　You know I'm going to Hawaii.

「いいな、うらやましいわ　　　　　Sounds good. I'm envious.
一緒に行きたいわ。　　　　　　　Wish I could go too.
いつ、出掛けるの？」　　　　　　 When are you going?

「早いほど、いいと思っている　　　Probably the sooner the better.
けど」

心をなごませる感じのよい英会話　153

「小耳にはさんだけど、久美子さんは結婚するそうですね」	A little bird told me, Kumiko san is going to get married.
「ええ？ 誰が言いました？」	What? Who told you that?
「さあ、誰かが」	Well, somebody ….
「彼女はどんな人と結婚するの？」	What kind of guy will she marry?
「デザイナーとか聞きました」	I hear he's a designer or something.
「すごく幸せになるように祈りましょう」	Let's hope they will be very happy.

「この週末は何をする予定なの？」	What are you doing this weekend?
「特に計画はないけど」	Well, no plans in particular, yet.
「家に数人の友だちを呼んでいるので、君も来ない？」	I'm having a few people drop by the house. Would you like to come over?
「すばらしいわ。何を持って行きましょうか」	That would be lovely. What should I bring?
「ただ、君だけでいい。心配しないで」	Just yourself. Don't worry.
「何かいいものを考えるけど、では、何時に行けばいいの？」	I'll bring something nice. Well. What time should I come?
「7時ごろでいい？」	Around seven, okay?
「完璧。そのときにね。さよなら」	Perfect. See you then. Bye.

「ようこそ」	Welcome to my home.
「どうも。すてきなところ。ここに住めるなんて、ラッキーね」	Thank you. It's a lovely place. You are so lucky to live here.
「どうぞ、こちらへ」	Please come in.
「とてもいい部屋ね！」	Very nice room!

まるでニューヨークにいるみたい」	Looks like we're in New York.
「そう思う。何を飲む？ビール、ワイン、それともコーヒー？」	Do you think so? Well, what'll you drink? Beer, wine, or coffee?
「コーヒーにする。車で来たから」	This time, coffee. Because I'm driving.
「教えた道順で困ったことがあった？」	Any trouble with the directions I gave you?
「全然。曲がるところだけでした。東京のドライブは慣れてますから」	Not at all. Only the parts where I had to turn. I am used to driving in Tokyo.
「そうだね。東京のドライブは10年以上だからね」	Quite right. You've been driving in Tokyo over ten years.
「ナビの必要はないわ」	I don't need a navigation system.

「ニューヨークに行ったことはある？」	Have you ever been to New York?
「ええ, 何度か」	Oh, yes, several times.
「この前に行ったのはいつ？」	When was the last time?
「去年の1月」	Last January.
「寒かったでしょ？」	Was it cold?
「そう、とっても」	Yes, Very much.
「それで、何をしたの？」	What did you do, then?
「街を歩いたり、美術館へ行ったり」	Well, walking around, visiting museums.
「ミュージカルへは？」	What about musicals?
「切符が取れなかった」	No, I didn't get any tickets.
「買物はしなかったの？」	Did you do any shopping?
「何も。絵はがきだけかな」	No, not at all. Just got some

心をなごませる感じのよい英会話 155

	postcards.
「でも、日常生活と離れた経験はよかっただろう」	But it was a good experience. Right? Apart from daily life.
「そう。すばらしい気ばらしよね」	Right. It's a welcome change, isn't it?
「本当にそう」	It sure is.

「昨夜のデートはどうだった？」	How was your date last night?
「よかった」	Okay.
「どんな人？」	What's she like?
「とてもいい人」	She's very nice.
「どんなふうにいいの？」	Well, what's nice about her?
「そうだね。スタイルがよくて、ステーキが好きで、ワインも飲むし、説明できないけど、とてもいい」	Well, she's got a cute figure.... She loves steak and wine.... Can't explain, but very nice.
「また、会うの？」	Are you going to see her again?
「わからない」	I don't know.

「彼はどんなふうにいいの？教えて！」	Well, what's nice about him? Tell me!
「とてもいい人で、親切で、すてきで」	He's very nice …, he's kind … , he's attractive.
「ずいぶん, 惚れ込んだものだ」	Looks like you're in love with him.
「そうかしら。わからない」	Am I? I don't know.
「とにかく、がんばって」	Good luck, anyway.

"場面別"ショート会話 20　● TRACK 70

飛行機の中で
ON THE AIRPLANE

「ようこそ」	Welcome aboard.
「荷物をどこへおけばいいですか」	Where should I put my baggage?
「座席の上の荷物入れへどうぞ」	Please use the overhead compartment.
「どうも」	Thank you.

「あの席へ移っていいですか」	Could I move to that seat?
「すみませんが、その席は予約済みです。	Sorry, but that seat is taken.
あちらの席はいかがですか」	Would you like that seat?
「お願いします」	Yes, please.

「イヤホンが壊れています。ほかのをいただけますか」	My headset doesn't work. Could I have another one, please?

「何かお飲みになりますか」	Would you like anything to drink?
「シングルモルトのスコッチは？」	Any single-malt Scotch?
「あります」	Sure.

「日本語の雑誌はありますか」	Could I have a Japanese magazine?
「こちらをどうぞ」	Here you are.
「どうも」	Thank you.

心をなごませる感じのよい英会話　157

「読書灯はどうつけるのですか」	How do I turn on the reading lamp?
「そのボタンを押してください」	Would you just push that botton?

「食事は後にします。次の食事はいつですか」	Could I have my meal later? When do you serve the next meal?
「3時間後です」	Three hours from now.

「空気の状況が悪いです。シートベルトをお締めください」	Bad air turbulence now. Please fasten your seatbelt.

「気分が悪いのです。ここは寒すぎるので、毛布をください」	I feel sick. It's too cold in here. I'd like a blanket.
「はい、どうぞ」	Okay. Here you are.

「パリの現地時間は何時ですか」	What time is it in Paris?
「3時です」	It's three o'clock in Paris.
「予定どおり着きますか」	Is our arrival on schedule?
「機長によると、追い風だそうです。それで、パリには30分早く着きます」	The captain just said we've got a tailwind. So we'll be in Paris about half an hour early.

「入国カードをください」	Disembarkation card, please.
「はい。どうぞ」	Here you are.

"場面別"ショート会話 21　● TRACK 71

ペット・ショップで
AT A PET SHOP

「何かお気に入りのペットはありますか」
What kind of pet do you want?

「あのネコが気になっているんです。向こうもじっと見つめています」
Well, that cat has caught my eye.
She's been staring at me, too.

「お客様を気に入ったみたいです。動物は一種の勘を持っています。
She seems to like you.
Animals seem to have a hunch about these things.

どの動物でも、そう振る舞うわけではないですよ」
Not every animal behaves that way.

「いくつですか」
How old is she?

「4か月です。
お好みでしたら、
10パーセントお引きします」
Four months.
If you like her, we can give you a ten percent discount.

「保証期間とかあるんですか」
Is there a warranty period or something?

「残念ながら、保証はできません。生き物ですから」
Sorry, not for a living thing.

「そうでしょうね。考えておきます」
I suppose not. I'll think about it.

数日後

「あのネコ、まだいるんですね。売れていなかったんだ」
I see the cat is still there.
Nobody has bought her yet.

「ええ、また、あなたのことを覚えているのですよ！
No, look, she remembers you!

心をなごませる感じのよい英会話　159

あなたのことを気に入っているんです」
「実は私も眠れなかった。気になっていたから。さっそく、買います」
「ありがとうございます。きっと、あのネコは、幸せになりますよ」
「私もね」

That's loyalty!
She likes you.

Well, I couldn't sleep because I liked her so much. I'll take her.

Thank you so much.
I'm sure she'll be happy with you.

I'll be happy, too.

第4章 映画で見つけた いいセリフ

1. **ティファニーで朝食を**
   Cat! Cat! Where are you, Cat!
2. **とらわれて夏**
   But don't forget the salt.
3. **恋におちて**
   Excuse me!
4. **グレン・ミラー物語**
   How about 'Moonlight Serenade'?
5. **ザ・ビーチ**
   I like you, a lot... It's our secret.
6. **かけひきは、恋のはじまり**
   I'm practicing my American accent.
7. **フォレスト・ガンプ 一期一会**
   Life's like a box of chocolates.
8. **ターミナル**
   Most of the men I've dated think I'm 27...but, no. I'm 39.
9. **ローマの休日**
   Rome. By all means... Rome.
10. **タイタニック**
    Where to, Miss? To the stars.

映画で見つけた"いいセリフ" 1

"Cat! Cat! Where are you, Cat!"
「ネコ！ ネコ！ どこにいるの、ネコ！」

『ティファニーで朝食を』

『ティファニーで朝食を』のラストシーン。

ニューヨークの街角、乗っていたタクシーから、それまで飼っていたネコを捨ててしまったホリー（オードリー・ヘプバーン）でしたが、一緒にいたポール（ジョージ・ペパード）から、その行動をなじられて我に返ります。降りしきる雨の中、タクシーから降りたホリーは、ますます強くなる雨の中で懸命にネコを探します。

その様子を遠くからじっと見守るポール。思わず目が合う二人。そのときです。横に転がっていた木箱の中からネコが「ニャーン」と顔を出します。ネコを抱きよせると、ホリーはポールのところへ駆け寄ります。ずぶ濡れのままキスを交わすホリーとポール。二人の間から顔を出したネコにもホリーはやさしくキスします。

HOLLY： Cat! Cat! Where are you, Cat!　　「ネコ！ ネコ！ どこにいるの、ネコ？」

『ティファニーで朝食を』(Breakfast at Tiffany's 1961
監督：ブレイク・エドワーズ　脚本：ジョージ・アクセルロッド)

名無しのネコですから、ただ、「ネコ」としか呼びようがありません。ホリーは、ここで、ネコ（Cat）という呼びかけを12回も続けます。そのとき、ホリーは、それまでの自分の生活態度を反省し、足が地に着いた地道な人生を歩もうと決心するのです。

テーマ曲の「ムーンリバー」が、この感動的なシーンを盛り上げます。

なお、この映画のオリジナル脚本では、ホリーがポールにささやきます。

"Do you think Sam would be a nice name for Cat?"

「ネコには、サムという名前がいいんじゃないかしら」

　サムとは、ホリーがシング・シング刑務所へ定期的に訪ねたギャングの親分の名前。しかし、このセリフは最終編集でカットされました。

映画で見つけた"いいセリフ" 2

"But don't forget the salt."
「とにかく、塩だけを忘れるな」

『とらわれて夏』

　アメリカ東部の小さな町のスーパーで、シングルマザーのアデル（ケイト・ウィンスレット）と13歳の息子ヘンリー（ガトソン・グリフィス）は、偶然出会った脱獄犯フランク（ジョシュ・ブローリン）に脅され、彼を自宅にかくまうことになります。
　「危害は加えない」と約束したフランクは、食事を作ったり、家事をしたりしますが、ある日、ピーチ・パイ造りに挑戦します。

FRANK：　You can make all kinds of mistakes,　　「いろいろ間違いをしてもいいが、
　　　　but don't forget the salt.　　とにかく塩だけを忘れるな。
　　　　Yeah, before it gets too warm.　　うん、あまり温めすぎないで、
　　　　Gotta keep everything cool.　　全部の材料をクールに保つ。
　　　　Then mix it up. Okay, take that knife.　　それから、かき混ぜる。そのナイフで。
　　　　And it's all about instinct.　　あとは直感でいこう。
　　　　Pay too much attention to recipes and you forget how to feel. Go ahead, put it in there.　　あまりレシピを気にすると、フィーリングを忘れる。全部そこへ入れて。
　　　　Yeah, that's it.　　そうだ、その通り」

『とらわれて夏』(Labor Day 2013　監督／脚本：ジェイソン・ライトマン
原作：ジョイス・メイナード）

▸ **Gotta keep everything cool.**
　＝ You have to keep everything cool.
　すべてをクールに保たなければならない。

▸ **it's all about instinct.** ＝ あとは、すべて直感だ。

▸ **Pay too much attention to recipes.**
　＝ レシピに注意を払いすぎる。

　いかにも無造作な料理法とはいえ、フランクらしさが出ています。料理のほかにも、フランクは家の修理をしたり、ヘンリーにキャッチボールを教えたりして、次第に親子だけの生活に溶け込んでいきます。フランクの存在は、父親のいない思春期のヘンリーだけでなく、シングルマザーの悩みをかかえているアデルに、少なからぬ影響を与えます。
　同じように、殺人罪を犯したフランクにとっても、この Labor Day（労働者の日）をひかえた５日間は、生涯忘れられない思い出となりました。

映画で見つけた"いいセリフ" 3

"Excuse me!"
「失礼します！」

『恋におちて』

　ニューヨークのマンハッタン。クリスマス・ショッピングでごったがえす5番街のリゾーリ書店。建築技師フランク・ラフティス（ロバート・デ・ニーロ）とグラフィックデザイナーのモリー・ギルモア（メリル・ストリープ）の出会いです。

MOLLY :	Excuse me! I think you have ... I think you have my book.	「すみません！あの、私の、私の本をお持ちでは」
FRANK :	Oh!	「はあ！」
MOLLY :	Yeah.	「ええ」
FRANK :	Sorry.	「すみません」
MOLLY :	Yeah. That's it. Thanks.	「ええ、これだわ。どうも」

『恋におちて』(Falling in Love　1984　監督：ウール・グロスバード
脚本：マイケル・クリストファー)

　二人が本を買って書店から出ようとしたところ、クリスマスを前にあまりに買物が多くてぶつかり合う。お互いの荷物を拾い合ったまではよかったのですが、手に取ったモリーの本をフランクが気づかずに持っていこうとしたのです。
　"Excuse me!" は、「すみませんが、失礼します！」と街角などで、見知らぬ人に声をかけるときの言葉。とっさの場合に、男女を問わない呼び掛けで、丁寧で上品。どこでも誰にでも使えます。見知らぬ男の人なら **Sir**、女の人なら **Madam** とか **Young lady** をつけてもいいで

しょう。
　このシーンでは、"Excuse me!"と呼びかけた後、"I think you have my book."「私の本をお持ちになっていると思います」と"I think"を使って言葉を和らげています。

"How about 'Moonlight Serenade'?"
「ムーンライト・セレナーデではどう？」

『グレン・ミラー物語』

　1930年代にグレンミラー・サウンドで一世を風靡したグレン・ミラーは、1944年12月、霧の英仏海峡で消息を絶ちます。この映画はトロンボーン・プレイヤーでアレンジャーの生涯をほのぼのした夫婦愛と巧みな音楽の扱いによって見事に描き出し、1950年代前半に製作された音楽映画として最も優れた作品となりました。

　これは、グレン・ミラー（ジェームス・スチュワート）が作曲した曲をピアノで弾いているところ。妻のヘレン（ジューン・アリソン）がタイトルをつけています。グレン・ミラー楽団のテーマ曲にもなった「ムーンライト・セレナーデ」誕生のシーン。

GLENN :	Title?	「タイトルは？」
HELEN :	Well, it's soft and romantic. It's just like moonlight.	「そうね。ソフトでロマンチックで。 ちょうど月の光みたい」
GLENN :	A Serenade in Moonlight?	「月の光のセレナーデ？」
HELEN :	How about 'Moonlight Serenade'?	「ムーンライト・セレナーデではどう？」
GLENN :	All right.	「そうしよう」

『グレン・ミラー物語』(The Glenn Miller Story 1953　監督：アンソニー・マン
脚本：ヴァレンタイン・デイビス)

▶ **How about ～?**「～ではどうですか」は、何かを提案したり、勧めるときの表現。

"How about some coffee？"　　「コーヒーでもいかが？」
"How about three, this afternoon?"「今日の午後３時ではどうですか」など。

　ところで、1930年代のアメリカでは、車はすでに'庶民の足'として普及していましたが、ときどき故障する車が多いのか、エンジン・フードを開けてエンジンを覗き込む風景が一般的だったようです。グレン・ミラーがベン・ポラック楽団の採用テストを受けた波止場のシーンにも、そうしたショットがありました。
　また、雪の中で立ち往生し、時間ぎりぎりで会場に着いたバンドマンたちが、ズボンのすそを泥だらけにして演奏している様子のシーンは、当時のアメリカの整備されていない道路事情を表していました。

映画で見つけた"いいセリフ" 5

"I like you, a lot ... It's our secret."
「私、あなたが好きなの、とっても。二人だけの秘密よ」

『ザ・ビーチ』

旅行にこれまでとは違う刺激と冒険を求めてバンコクに着いた22歳のアメリカ青年リチャード(レオナルド・ディカプリオ)。ホテルの隣の部屋にはフランス人でボーイフレンドと一緒に旅行しているフランソワーズ(ビルジニー・ルドワイアン)が。三人は、そろって秘密の島を訪ねますが、リチャードは次第にフランソワーズに惹かれていきます。そして、ある日。

FRANCOISE:	Do you think that I ignore you?	「私、あなたに冷たくしていると思う？」
RICHARD:	No.	「していないよ」
FRANCOISE:	But I do. It's because I am with Etienne. It's difficult for me to spend time with you.	「私、そうしてるの。エティエンヌがいるでしょ。あなたと一緒にいる時間をとるのがむずかしいの」
RICHARD:	I don't suppose there's any special reason that you should spend time with me, that is.	「ぼくといる時間をとらなきゃならない特別な理由なんてないだろ？」
FRANCOISE:	But of course there is: I like you, a lot ..... It's our secret.	「それがあるのよ。私、あなたが好きなの。とっても。二人だけの秘密よ」
RICHARD:	Okay.	「わかった」

『ザ・ビーチ』(The Beach 2000 監督：ダニー・ボイル 脚本：ジョン・ホッジ)

ルドワイアンのフランス語なまりの英語は、母国語でないからか、一語一語をきちんと発音しています。I like you. の後、少しポーズを置いて、a lot と言うタイミングが絶妙。

　It's difficult for me to 〜 という決まりフレーズを使って「あなたと〜することがむずかしい」と、フランソワーズはリチャードにせまっています。ボーイフレンドがいるから、あなたを無視して冷たくしていると言っています。

　リチャードも負けてはいません。「君がぼくといなければならない理由は何？」と彼女の気持ちを聞いています。彼がここで、suppose を使っているのは、think より確信が薄いからです。何と思わせぶりなやりとりでしょうか。

　ところで、映画は、タイの人里離れた地上の楽園には何があったか。どうして、それは崩壊したのか。アレックス・ガーランドのベストセラー小説をもとに'楽園とはあくまで理想世界'という現実を描きます。

映画で見つけた"いいセリフ" 6

"I'm practicing my American accent."
「アメリカン・アクセントの練習をしていますの」

『かけひきは、恋のはじまり』

　1925年のアメリカ、あるホテルのロビー。有力新聞シカゴ・トリビューン紙の女性記者レクシー・リトルトン（レネー・ゼルウィガー）は、取材中にアメリカン・フットボールのプロチームのキャプテンとして活躍するドッジ・コネリー（ジョージ・クルーニー）に出会います。

LEXIE： Waiting for someone?　「どなたかをお待ち？」

DODGE： Were you speaking to me?「ぼくに話しかけました？」

LEXIE： No. I'm practicing my American accent.　「いいえ、アメリカン・アクセントの練習をしていますの」

DODGE： I am waiting for someone.「私は人を待っています」

LEXIE： Who?　「誰を？」

DODGE： A business associate.　「ビジネスの同僚です」

LEXIE： A business associate. So cryptic! So manly. Clearly beyond the comprehension of a feeble female.　「ビジネスの同僚。謎っぽくって、男らしいわ。か弱き女性が理解できないほどだわ」

『かけひきは、恋のはじまり』(Leatherheads 2008　監督：ジョージ・クルーニー　脚本：ダンカン・ブラントニー & リック・ライリー)

このシーンの前半は「進行形」を、後半は「単語だけ」で話しています。

▶ Waiting for someone?
　＝ Are you waiting for someone?
　「どなたかをお待ちですか」(現在進行形)

▶ Were you speaking to me?
　＝「ぼくに話しかけましたか」(過去進行形)

▶ I'm practicing my American accent.
　＝「アメリカン・アクセントの練習をしています」(現在進行形)

▶ I am waiting for someone.
　＝「私は人を待っています」(現在進行形)

　もし、レクシーが普段でも日常的にアクセントの練習をしているならば、現在形を使って、
"I practice my American accent."となります。この場合は、'今そのとき'なので進行形。

　後半の who で始まる会話では、二人とも単語だけの文章で話しています。

▶ business associate ＝ 仕事仲間／仕事相手／同僚
▶ cryptic ＝ 不可解な／秘密の／謎めいた
▶ beyond the comprehension of 〜 ＝ 〜の理解力の先にある

映画で見つけた"いいセリフ" 7

"Life's like a box of chocolates."
「人生はチョコレートの箱のようなもの」

『フォレスト・ガンプ 一期一会』

　アメリカ南部のある街。空から小さな白い羽根がフワフワと舞い降りてきます。平和で静かな街並みの間をぬって、その羽根が地面に落ちる。それを拾い上げて、そっと本の間に挟み込むのはフォレスト・ガンプ(トム・ハンクス)。そこはバス停のベンチで、ガンプは隣へ座った黒人女性にチョコレートの箱を見せながら話しかけます。

FORREST : You want a chocolate?　　「チョコレート、いかがです？
　　　　　I could eat about a million　ぼくはチョコレートを
　　　　　and a half of these.　　　　150万個でも食べられるだろう。
　　　　　My momma always said,　ママはいつも言ってた。
　　　　　"Life was like a box of 　　『人生はチョコレートの箱のよう
　　　　　chocolates.　　　　　　　　なもの。
　　　　　You never know what 　　人生がどうなるか、誰にもわから
　　　　　you're gonna get."　　　　　ない』」

『フォレスト・ガンプ 一期一会』(Forrest Gump 1994)
監督:ロバート・ゼメキス　脚本:エリック・ロス)

　生まれつき足が悪く、頭の弱いフォレストであっても、「あなたはほかの人と同じ」という母親の教えを受けて、大学でフットボールのスター選手になり、ベナム戦争では戦友の命を救い、さらに事業にも成功します。時代のヒーローになるというヒューマン・ストーリー。「人は勇気を持って、愛に生きなければ！」と実感させます。

▸ You want a chocolate? = Do you want a chocolate?
　「チョコレートが欲しいですか」
▸ I could eat about a million and a half of these.
　＝「チョコレートを150万個でも食べられるだろう」
　　　　　　　(could は仮定法過去、推量を表す)

▸ You never know what you're gonna get.
　= You never know what you're going to get.
　「人生がどうなるか、誰にもわからない」
　この you は'あなた'ではなく、'一般の you'で「人は誰でも」という意味。

映画で見つけた"いいセリフ" 8

"Most of the men I've dated think I'm 27... but, no. I'm 39."

「デートしたほとんどの男性は、私が27だと思っているわ。でも違うの。私は39」

『ターミナル』

　東欧のクラコウジアという国の小さな村からニューヨークのJFK空港へ着いたビクター・ナボルスキー（トム・ハンクス）は英語を話せません。折から、本国でクーデターが起こり、事実上、国家が消滅。事態がおさまるまでは、そこから動くことができないという奇妙な状況に追い込まれます。しかし、年齢・人種・階層・職業を超えたさまざまな人たちとの出会いが、ビクターを勇気づけます。その中の一人はアメリカの国際航空フライト・アテンダントのアメリア（キャサリン・ゼタ＝ジョーンズ）です。

AMELIA:	I'm 39 years old.	「私、39歳なの」
VIKTOR:	No.	「うそ」
AMELIA:	That's the truth.	「本当なの」
VIKTOR:	You are not.	「そうじゃない」
AMELIA:	I tell everybody I'm 33, and most of the men I've dated think I'm 27... but, no. I'm 39.	「私、人には33と言っているの。でも、デートしたほとんどの男性は27だと思っているわ。でも違うの。39なの」
VIKTOR:	So? I was 39 once.	「そう？ ぼくも39だったことがある」
AMELIA:	I was 18 years old when I started working for the airlines.	「私、仕事をはじめて18のとき航空会社へ入ったの。

| I've been doing this over 20 years. | 20年以上もこの仕事をしているの」 |

『ターミナル』(The Terminal 2004 監督／製作：スティーブン・スピルバーグ 脚本：サーシャ・ガバシ)

　これは、アメリアに心を寄せるようになったビクターが、アメリアを食事に誘ったときの会話。英語が少しずつできるようになってきたビクターに向かって、アメリアは、現在形と現在完了形を使い分けた正しいきちんとした英語で話しています。ビクターのほうも、たどたどしい英語ながらも、アメリアに自分の言いたいことを伝えようとしています。そのやや不自然な言葉を話す素朴さが彼の魅力です。

▶ **I tell everybody I'm 33 ...**
　＝ 現在形の tell は「誰にでも、いつも話している」という習慣を表す

▶ **... and most of the men I've dated ...**
　＝ 現在完了の I've dated は、経験を表し、「これまでにデートしたほとんどの男性」

▶ **I've been doing this over 20 years ....**
　＝ 現在完了進行形。「20年以上、今でもずっと（仕事を）している」

映画で見つけた"いいセリフ" 9

"Rome. By all means ... Rome."
「ローマ。ローマです。何といってもローマです」

『ローマの休日』

オードリー・ヘプバーンの27本の映画の中でのベストなセリフは間違いなく、これです。

病気だったという公式の発表にもかかわらず、記者会見で、楽しかったその思いを話してしまう純情なアン王女(オードリー・ヘプバーン)。このひと言で、オードリーのハリウッド・デビューは成功しました。

ANN: Rome! Rome...   「ローマ！ローマです。
 By all means Rome. 何といってもローマです。
 I will cherish my visit 私はここを訪れたことを一生の
 here in memory, 思い出として
 as long as I live. 懐かしむことでしょう」

『ローマの休日』(Roman Holiday 1953　監督:ウィリアム・ワイラー
脚本:イアン・マクレラン・ハンター&ジョン・ダイトン)

ヨーロッパ各国を歴訪中の某国のアン王女(オードリー・ヘプバーン)。

訪問先のローマで宿泊先を抜け出して休日を楽しみ、アメリカの新聞記者のジョー・ブラッドリー(グレゴリー・ペック)と出会います。知らず知らずのうちにひかれ合った二人でしたが、王女は自分の国への責任を果たすため、記者は特ダネを発表しないで、別れる決心をします。

出発前の記者会見で「訪問された都市でどこが一番お気に入りでしたか」という質問に、王女はローマで病気だったという公式発表を忘れて、本当の気持ちを打ち明けてしまいます。彼女の熱い思いがこの一語に集約されています。

▶ **by all means**
　＝「何といっても」／「どのような手段でも」

　人にものを頼まれた、その返事として「どうぞ、どうぞ」というときにも使える。

▶ **cherish** ＝「思い出などを懐かしみ、愛情をこめて大切にする」という意味。

▶ **as long as I live** ＝「生きているかぎり」、つまり「一生の間」。

映画で見つけた"いいセリフ" 10

"Where to, Miss?" "To the stars."
「お嬢さん、どちらへ」「星の国へ」

『タイタニック』

1912年4月、史上最悪の海難事故に見舞われた「タイタニック」船上で、恋におちたジャック（レオナルド・ディカプリオ）とローズ（ケイト・ウィンスレット）。無我夢中の二人は、監視の目から逃れようと、船底の倉庫に積んであった当時の最新型のルノーに乗り込みます。

JACK： Where to, Miss?　　　　「お嬢さん、どちらへ」

ROSE： To the stars.　　　　　「星の国へ」

『タイタニック』(Titanic 1997　監督／脚本：ジェームズ・キャメロン)

17歳のローズは上流階級の娘。経済的に行き詰まった実家から強いられた、気の乗らない結婚のため、アメリカへ連れて行かれる途中でした。それがいやで自殺を図りますが、画家を志望する3等乗客のジャックに助けられます。

この「星の国へ」という言葉は「まだ見たことのないところへ連れて行って」という彼女の切ない、そして、強い願いでした。その後、ローズはジャックを後ろのシートに誘って、結果は誰もが想像するとおりになりますが。

キャメロン監督は、自らの若いときのバックシートの思い出をもう一度再現したかったのかもしれません。

▶ Where to? は Where are you going to? を短くした言葉で、クルマで行き先を聞くときの決まり文句。

相手の気持ちが思いやりっぽく 感じのよいひと言 場面別 ショート会話

映画で見つけた いいセリフ

著者紹介

原島 一男（はらしま　かずお）

　映画『ローマの休日』のオードリー・ヘプバーンの美しい英語に魅せられ、慶応義塾大学経済学部を卒業後、米国ボストン大学大学院コミュニケーション学科へ留学しました。帰国後、NHKへ入局し、1991年までの32年間、英語ニュース記者、英語番組チーフ・プロデューサーなどを務め定年退職、その後、山一電機株式会社へ入社、海外戦略を担当しました。現在は、ノンフィクション・ライターとして、英語・自動車・オーディオ関連の単行本や雑誌連載の執筆に専念中。日本ペンクラブ会員、日本記者クラブ会員。

　主な著書は『店員さんの英会話ハンドブック』『単語で通じる英会話』（ベレ出版）、『映画のなかのちょっといい英語』（麗澤大学出版会）、『オードリーのように英語を話したい』（ジャパンタイムズ）など多数。『スーパー・アンカー和英辞典』（学研教育出版）の編集にも協力しました。

CDの内容

収録時間：68分36秒
ナレーター：Howard Colefield, Carolyn Miller

写真協力

公益財団法人 川喜多記念映画文化財団

CD BOOK 心をなごませる感じのよい英会話

2015年7月25日　初版発行

著者	原島一男（はらしまかずお）
カバーデザイン	気仙沼デザイン株式会社（佐々木義洋）
イラスト	ササキヨ
DTP	気仙沼デザイン株式会社（佐々木義洋）

ⓒ Kazuo Harashima 2015 Printed in Japan.

発行者	内田真介
発行・発売	ベレ出版
	〒162-0832　東京都新宿区岩戸町12　レベッカビル TEL.03-5225-4790　FAX.03-5225-4795 ホームページ　http://www.beret.co.jp/ 振替 00180-7-104058
印刷	モリモト印刷株式会社
製本	根本製本株式会社

落丁本・乱丁本は小社編集部あてにお送りください。送料小社負担にてお取り替えします。
＊本書の無断複写は著作権法上での例外を除き禁じられています。購入者以外の第三者による本書のいかなる電子複製も一切認められておりません。

ISBN 978-4-86064-441-3 C2082　　　　　編集担当　脇山和美